"Em nossa caminhada com Jesus, r
te do que levantar-se todas as manh ... -se ativamente na própria santificação. Associarmo-nos ao Espírito de Cristo em nossa própria mudança, crescimento e maturidade é uma forma maravilhosa de 'fazermos do ato de agradar a ele nossa meta'. E eu estou muito empolgada com o fato de David Powlison mostrar ao leitor como fazer isso em seu novo e memorável livro *Como acontece a santificação?* Ele conta com minha aprovação veemente!"

Joni Eareckson Tada, fundadora e CEO, Joni and Friends International Disability Center; autora de *A Spectacle of Glory* e *Beside Bethesda*

"Conhecer David Powlison é o mesmo que conhecer um homem que está crescendo no doce fruto da graça santificadora. Testemunhar seu ministério é ver alguém a quem o Senhor está usando para santificar muitas pessoas. É por essa razão que sou tão grato por *Como acontece a santificação?* Hoje, uma das áreas mais cruciais de debate entre os cristãos diz respeito à doutrina da santificação. A voz de David é de sabedoria sã, bíblica, em meio a muita confusão. Se você estiver em busca de um livro sobre santificação que seja profundamente pessoal, biblicamente equilibrado e profundamente relevante, aqui está tal obra."

Heath Lambert, pastor auxiliar, Primeira Igreja Batista de Jacksonville; diretor executivo, Association of Certified Biblical Counselors; autor de *A Theology of Biblical Counseling* e *Finally Free*

"Neste livro, David Powlison se posiciona contra declarações simplistas de que a santificação pode ser reduzida a um processo do tipo "apenas faça isso" ou "somente creia naquilo". Fazendo o que ele sempre faz de um modo tão brilhante, Powlison nos mostra como as riquezas da Escritura se aplicam aos detalhes da vida. Pessoal, prático e repleto de novas e importantes percepções, aqui está um livro para auxiliar o povo de Deus a se tornar mais parecido com Cristo."

Steve Midgley, diretor executivo, Biblical Counseling UK; pastor titular, Christ Church Cambridge

"Quando penso em homens sábios que têm moldado minha vida e mentalidade, David Powlison sempre está no topo da lista. Sua reflexão ponderada e incisiva sobre o coração humano e a respeito do que faz a santificação funcionar é algo que cada um de nós necessita desesperadamente. David reconhece que, considerando tudo o que tem acontecido em relação a conversas e escritos sobre o tópico da santificação, o que parece estar faltando é *você*! David oferece ajuda ao trazer sua história pessoal e as narrativas de outras pessoas para o debate em torno da santificação, e, ao fazê-lo, lembra-nos da maneira multiforme como Deus *trabalha* na vida das pessoas. Agarre este livro hoje, leia-o e reflita sobre ele, e una-se a David e muitos outros no processo de se tornar mais parecido com nosso Salvador."

Jonathan Holmes, pastor de aconselhamento, Parkside Church, Uniontown, Ohio; autor de *The Company We Keep: In Search of Biblical Friendship*

"*Santificação* é uma palavra muito longa. Embora muitos cristãos sejam capazes de dar uma definição simples, tal como 'crescer em santidade' ou 'tornar-se como Jesus', poucos têm dado tanta atenção a essa dinâmica, ou seja, a como isso funciona. Em *Como acontece a Santificação?*, Powlison identifica, de forma oportuna, cinco formas de como nosso crescimento em santidade acontece. Os princípios estão fundamentados na Escritura e ilustrados por um olhar transparente de como tudo tem "funcionado" em sua própria vida. E isso é um incentivo para que nós vejamos como a santificação – ou melhor, como o *Espírito de Deus* – está trabalhando em nossa vida também."

Timothy Witmer, professor de Teologia Prática, Westminster Theological Seminary; pastor, St. Stephen Reformed Church, New Holland, Pennsylvania; autor de *The Shepherd Leader* e *The Shepherd Leader at Home*

"A santificação é essencial para que possamos cumprir com nosso maior chamado na vida, ou seja, amar a Deus de todo o coração e amar ao nosso próximo como a nós mesmos. David não somente estabeleceu os temas essenciais desse processo, como também descreveu muitas das nuances espirituais que guiam nossos passos por essa abençoada transformação."

Ken Sande, fundador, Peacemaker Ministries e Relational Wisdom 360

"Todo líder, escritor ou pastor cristão deve ter David Powlison sussurrando em seu ouvido: 'A Palavra de Deus é profunda e rica... não fique paralisado em um paradigma – ensine todo o conselho de Deus'. Este livro fará isso por você."

Paul Miller, diretor executivo, seeJesus; autor de *A Praying Life* e *A Loving Life*

"Santificação é um assunto vital. O que David Powlison oferece neste livro não é um manual de como tornar seus momentos mais tranquilos. Pelo contrário, por trás desse título simples, está uma teologia explosivamente poderosa e prática da transformação humana. Este livro é profundo o suficiente para instruir aqueles que dedicaram suas vidas agonizando a respeito de como a santificação realmente funciona e acessível o suficiente para guiar aqueles que nunca tiveram essa dúvida em suas mentes. Resumindo, este livro deixará você fundamentalmente mudado para melhor."

Alasdair Groves, diretor de aconselhamento, CCEF New England

COMO ACONTECE A

SANTIFICAÇÃO?

DAVID POWLISON

FIEL
Editora

P888c Powlison, David, 1949-
Como acontece a santificação? / David Powlison ; [tradução: Meire Portes Santos]. – São José dos Campos, SP : Fiel, 2018.

117 p.
Inclui referências bibliográficas.
Tradução de: How does sanctification work?
ISBN 9788581324487

1. Santificação - Cristianismo. 2. Crescimento espiritual. I. Título.

CDD: 234.8

Catalogação na publicação: Mariana C. de Melo Pedrosa – CRB07/6477

Como acontece a santificação?

traduzido do original em inglês:
How Does Sanctification Work?

■

Publicado por Crossway Books,Um ministério de publicações de Good News Publishers
1300 Crescent Street
Wheaton, Illinois 60187, USA.

Primeira edição em português: 2018

■

Diretor: Tiago J. Santos Filho
Editor: Tiago J. Santos Filho
Tradução: Meire Portes Santos
Revisão: Shirley Lima
Diagramação: Rubner Durais
Capa: Rubner Durais
ISBN: 978-85-8132-448-7

FIEL Editora

Caixa Postal 1601
CEP: 12230-971
São José dos Campos, SP
PABX: (12) 3919-9999
www.editorafiel.com.br

A Paul Miller –
amigo fiel, conselheiro sábio
e simples cristão

SUMÁRIO

INTRODUÇÃO

No encerramento de seu evangelho, João considera tudo que testemunhou durante a vida: "Há, porém, ainda muitas outras coisas que Jesus fez. Se todas elas fossem relatadas uma por uma, creio que nem no mundo inteiro caberiam os livros que seriam escritos" (Jo 21.25). Amo a justaposição dessas duas sentenças. O fato de João ter deixado de fora inumeráveis histórias estimula um salto cósmico de percepção e imaginação. Ele havia acabado de escrever um livro de 16 mil palavras – um pouquinho menor que o pequeno livro que você está segurando. Mas o *mundo inteiro* não conteria todos os *outros* livros que poderiam ser escritos sobre o que Jesus fez!

O que todos aqueles livros não escritos diriam? Sabemos, com certeza, que conteriam os mesmos *tipos* de coisas do livro que João escreveu. Basicamente, seu evangelho consiste de cenas selecionadas dos encontros e conversas de Jesus com vários seguidores, oponentes, inquiridores e "indecisos". João oferece vislumbres sobre as histórias de vida de diferentes pessoas quando suas vidas cruzam com a de Jesus. Não assistimos à história de vida de Jesus isolada de outras pessoas. Suas ações amorosas não são uma abstração teológica. Aprendemos de Jesus por meio de ver e ouvir como ele interage com os outros. Aqueles livros incontáveis que poderiam ter sido escritos contariam sobre inumeráveis encontros pessoais.

Quando todas essas outras coisas aconteceram? Algumas histórias que João deixou de fora versavam sobre encontros que aconteceram antes da ascensão de Jesus. E os livros não escritos incluiriam o que o Espírito fez, levando a obra de Jesus adiante nos cinquenta anos subsequentes da vida de João – fatos que ele testemunhou pessoalmente, coisas que ele ouviu de outras pessoas e outras que ele nunca soube que aconteceram porque se passaram fora de seu alcance. E, sem dúvida, esses livros também contariam tudo o que o Senhor continua a fazer desde a morte de João. Os livros não escritos incluiriam a sua história e a minha.

E por que existem tantos livros possíveis, e por que os livros são tão volumosos? O mundo não pode conter histórias de vida de acontecimentos mais numerosos do que os grãos de areia na praia. Os detalhes são importantes. Cada pessoa, em cada circunstância e em cada momento, apresenta particularidades que nunca se repetirão. Deus considera todas elas – toda palavra descuidada, todos os cabelos de sua cabeça, toda lágrima. O que Jesus faz na vida de cada um de nós opera com suas peculiaridades.

Em meio a toda essa variedade, existem convergências, é claro. O denominador comum é Jesus Cristo e como ele desenvolve seu propósito salvador, de escolha, santificador. Mas a diversidade de histórias pessoais é tão significativa para Deus quanto os temas comuns. Os momentos singulares são os pontos de contato em que o Senhor se torna específico. Assim, enquanto João escreve sobre o Senhor, a câmera aumenta o zoom repetidas vezes, torna tudo mais lento, prolonga-se num fragmento de conversa, observa um detalhe situacional. João (como todos os escritores dos evangelhos) convida-nos a assistir a Jesus interagindo, pessoa por pessoa, situação por situação. Convida-nos ainda a observar como e o que Jesus observa. Permite-nos ouvir as perguntas que Jesus faz, e como ele responde àqueles que o questionam. E, assim, descobrimos como Jesus avalia as pessoas. Assistimos a como ele encontra o ponto de envolvimento e, em seguida, como entra, reage, ajuda, se aborrece, convida, se irrita, ensina, argumenta, esclarece, fica perplexo, salva, adverte e encoraja. Quando Jesus intercepta seu caminho, revela a você quem você realmente é. Ele acelera as escolhas decisivas. E, em resposta a ele, as pessoas mudam, dando uma guinada para melhor ou para pior.

Sempre que alguém faz uma mudança para melhor, a *santificação* está acontecendo. Essa palavra de cinco sílabas que faz parte do título deste livro demanda definição. Do que estamos falando quando perguntamos: "Como acontece a santificação?". Em primeiro lugar, para ser mais preciso, estamos discutindo *santificação progressiva*. Da mesma forma que a palavra *salvar*, *santificar* tem os tempos passado, presente e futuro:

- No tempo passado, sua santificação já aconteceu. Você é um santo – uma identidade pela qual você não recebe mérito algum! Deus agiu decisivamente ao torná-lo propriedade dele em Cristo. Você foi salvo.
- No tempo presente, sua santificação está sendo trabalhada. Deus está trabalhando em toda a sua vida – em uma escala de dias, anos e décadas – para refazê-lo à semelhança de Jesus. Você está sendo santificado progressivamente. Você está sendo salvo.
- No tempo futuro, sua santificação será completa. Você viverá. Seu amor será tornado perfeito. Você verá a face

> de Deus quando ele agir decisivamente para completar sua obra de conformá-lo à imagem de Jesus. Você participará da glória do próprio Deus. Você será salvo.[1]

Esse trabalho interno de fé e a aplicação de amor no tempo presente são o foco deste livro. Mas é preciso que tenhamos sempre em mente que o que Deus está fazendo agora em sua vida apoia-se no que ele já fez e leva ao que fará.

Em segundo lugar, os termos *santificação, santo, sagrado* e *santidade* frequentemente evocam uma variedade de imagens estranhas, superespirituais. Mas essas palavras têm a intenção de comunicar realidades terrenas, práticas. Ser santificado é ter sua fé simplificada, esclarecida e aprofundada. Você precisa de Deus. Você conhece Deus. Você ama Deus. Você vê a vida, Deus, a si mesmo e os outros de uma forma mais autêntica. E crescer como um santo é crescer no amor pelas pessoas. A condição das pessoas é cada vez mais importante para você. Você se importa. Você ajuda.

Tornar-se mais santo não significa que você se torne etéreo, fantasmagórico ou alheio às tempestades da vida. Significa que você está se tornando um ser humano mais sábio. Você

---

1 Na própria Bíblia, a palavra *santificar* é usada com mais frequência no tempo passado. O termo descreve algo que já aconteceu. É uma maneira de descrever como Deus age de modo decisivo para tornar a todos vocês dele. Vocês foram *lavados*, vocês *foram santificados*, vocês *foram justificados* no nome do Senhor Jesus Cristo e pelo Espírito de nosso Deus. Vocês *são* escolhidos, santos e amados. Vocês *foram feitos vivos* juntamente com Cristo. Deus, em Cristo, *perdoou* vocês. Vocês *receberam* o Espírito de adoção como filhos, pelo qual clamamos: "Aba! Pai!". Vocês *são* uma raça escolhida, um sacerdócio real, uma nação santa, um povo de propriedade exclusiva de Deus. Ele *chamou* vocês das trevas para sua maravilhosa luz. Vocês *são santificados* em Cristo Jesus e *chamados* santos, juntamente com todos aqueles que em todo lugar clamam pelo nome do nosso Senhor Jesus Cristo. De todas essas maneiras, a Bíblia afirma que você já pertence a Deus. Veja Rm 8.15; 1Co 1.2; 6.11; Ef 2.5; 4.32; Cl 3.12; 1Pe 2.9.

está aprendendo como lidar bem com seu dinheiro, sua sexualidade, seu trabalho. Você está se tornando um amigo melhor e um membro da família melhor. Quando você fala, suas palavras comunicam bom senso mais do que antes, mais seriedade, mais alegria, mais realidade. Você está aprendendo a orar honestamente, trazendo quem Deus realmente é para a realidade da necessidade humana.

E crescer em santidade não significa que você agora fale em tons sussurrados ou cite a Bíblia a cada frase. Significa que você vive com uma esperança mais lúcida. Você sabe o propósito de sua vida, arregaça as mangas e segue em frente fazendo o que precisa ser feito. Você é sinceramente grato pelas coisas boas. Você enfrenta o desapontamento e a dor, as enfermidades e a morte com franqueza.

Santificação, santo, sagrado e *santidade* – essas palavras falam de vida cotidiana. Não há nada mais prático do que viver com amor, alegria e propósito sempre crescentes. Não há nada mais útil e revelador do que amadurecer em sabedoria, esperança e fé.

Esses dois esclarecimentos da linguagem de santificação visam ajudar a nos manter orientados. A teologia lúcida, verdadeira, acompanha os grandes temas. Mas a maior parte deste livro se mantém no nível da vida cotidiana. A variedade, o frescor e as complicações das histórias é que tornam os evangelhos, a vida, as pessoas e o ministério tão interessantes. Os detalhes importam porque Jesus considera cada um de nós em nossas especificidades.

E é digno de nota que, ao se encontrar conosco, Jesus nunca ministra de uma forma mecânica. Porque as pessoas e as circunstâncias não são clones, não existe um padrão em seus diálogos, amizades ou pregações. Não há uma fórmula. Não há generalizações abstratas. Não existem conselhos do tipo "apenas faça x". Como as situações e as pessoas vêm de improviso, de um modo fluido e imprevisível, Jesus se envolve com cada pessoa e situação de maneira personalizada. Não é lugar-comum dizer que Jesus realmente o encontra onde você está. Sempre. A Escritura faz o mesmo. Não há padrão. O Espírito Santo faz com que as palavras sejam pessoais.

Este livro se envolve com a *variedade* de como Jesus Cristo trabalha para mudar vidas. E investiga para estabelecer os *padrões* mais profundos que estão operando em todas as variantes.

Os capítulos que se seguem sondam como o crescimento na graça realmente funciona e, assim, como o ministério trabalha para promover crescimento. Entremearei histórias pessoais e exposição. A vida cristã pode expressar-se biograficamente ou ser descrita teologicamente. Ambas têm o seu lugar e, idealmente, andam de mãos dadas – como na Bíblia! A Escritura combina histórias com interpretação, e eu espero que minha tentativa de fazer o mesmo se prove fiel à mensagem e ao método da Escritura, mostrando-se útil a você.[2]

---

2 Algumas partes deste livro apareceram anteriormente no artigo "How Does Sanctification Work?", de David Powlison, partes 1–3, *Journal of Biblical Counseling* 27, n. 1 (2013): 49–66; *JBC* 27, n. 2 (2013): 35–50; *JBC* 31, n. 1 (2017): 9–32; Powlison, "Frame's Ethics: Working the Implications for Pastoral Care", em *Speaking the Truth in Love: The Theology of John M. Frame*, ed. John J. Hughes (Phillipsburg, NJ: P&R, 2009), 759–777; e Powlison, "How Does Scripture Change You?", *JBC* 26, n. 2 (2012): 26–32.

1

DEUS NOS ALCANÇA COM SUAS PROMESSAS

Permita-me começar contando uma história sobre eventos tão familiares que até parecem banais. Porém, essa história reflete a experiência de inúmeros cristãos que descobrem a Palavra de Deus tornando-se viva. Como fazer uma conexão por Skype ou como um antibiótico cura bronquite, o que é aparentemente cotidiano parece quase miraculoso quando você pensa a respeito.

NO INVERNO DESOLADOR

Naquela manhã, minha esposa, Nan, e eu estávamos nos sentindo ligeiramente sobrecarregados pelas pressões da vida. A família havia sucumbido a várias combinações de gripe, bronquite, pneumonia e resfriado durante o Natal. Uma semana depois, nós dois ainda nos sentíamos meio doentes e enfraquecidos. Além disso, sentíamo-nos pressionados pelo peso da preocupação com uma pessoa querida que batalhava contra problemas de saúde intratáveis, deterioradores. Nan enfrentava uma grande quantidade de decisões e projetos que surgiam da reforma da cozinha e eu estava atolado em uma correção de provas já atrasada, além de correspondências e projetos de escrita. Resultado? Ambos fôramos acometidos pelo mais endêmico dos distúrbios humanos: um misto inominável de estresse, distração, preocupação com responsabilidades, ansiedade ambiental, irritabilidade incipiente e queixas. Nenhum de nós começava o dia como se fosse um florescente jardim de amor, alegria, paz ou paciência.

Naquela manhã – como ocorre em toda manhã –, precisávamos de santificação. E Deus nos alcançou com presentes de sua Palavra e do Espírito. Ele nos revigorou, dando-nos o que necessitávamos. Como? O que trouxe essa renovação? Aconteceu de estarmos lendo uma passagem de Deuteronômio:

> [O Senhor] Achou-o [Jacó] numa terra deserta
> e num ermo solitário povoado de uivos;
> rodeou-o e cuidou dele,
> guardou-o como a menina dos olhos.
> Como a águia desperta a sua ninhada
> e adeja sobre os seus filhotes,
> estende as asas e, tomando-os,
> leva-os sobre elas,
> assim, só o Senhor o guiou. (Dt 32.10–12)

O que aconteceu? O Senhor escreveu essas palavras em nossos corações, como promete fazer (Jr 31.33). Aqui em um subúrbio da Filadélfia, em um dia no início de janeiro, o Espírito Santo aproveitou coisas escritas muito tempo atrás. Ele esclareceu nossas mentes, voltou a despertar nossa fé e animou nossa obediência. O que aconteceu ilustra diretamente como essas palavras em Deuteronômio foram "escritas para nossa instrução" (1Co 10.11; veja também Rm 15.4).

Nan captou a primeira metade da passagem. Ela expressou sua reação imediata da seguinte forma: "Quando você se sente como um náufrago que precisa ser encontrado e resgatado, ser tratado como 'a menina de seus olhos' significa tudo para mim. O Senhor me rodeia. O Senhor se importa. O Senhor me protege. E eu não estou sozinha". Ela, então, se animou. Suas orações e seus planos para o dia se tornaram vívidos. E ela fez boas escolhas durante o dia.

Minha reação foi semelhante – mas, como era de se esperar, com uma nuance de diferença. A imagem do povo de Deus caminhando pelo deserto ressoou tanto metaforicamente como literalmente. Ela conectou uma imagem vívida – "ermo solitário povoado de uivos" – ao meu sentimento de viver em meio a uma imensa quantidade de pressão. E evocou lembranças significativas de caminhar pelo Deserto Anza-Borrego, na Califórnia, sob um calor de 46 graus, na década de 1980. De forma semelhante, a imagem de ser envolto por cuidado protetor, como uma águia voando acima de seu ninho, ressoou para mim. Já vi águias-pesqueiras fazerem isso. O Senhor circunda, paira e carrega seu povo amado – e eu sou um dos seus. Problemas, tentações e nosso Deus fizeram sentido. E, tal como ocorrera com Nan, parti para meu dia com um senso de propósito mais claro, uma mente mais focalizada e mais atenção para com os outros.

Naquele dia, em pequena escala, o Senhor mudou a maneira de vivermos. Cada um de nós, e nós dois juntos, encontramos aquilo de que precisávamos. Ele confortou nossos corações e estabeleceu cada um de nós na versão atual de "toda boa obra e boa palavra" (2Ts 2.16–17). Nós precisávamos de santificação; o Espírito nos santificou.

QUANTOS SÃO OS SEUS CAMINHOS

Tudo isso aconteceu por meio de um exemplo das inúmeras maneiras de Deus falar e trabalhar. As palavras que ele usou dessa vez para nos alcançar em nossa necessidade nos surpreenderam. Eu nunca havia ficado impressionado com essa passagem em particular. Embora, sem dúvida, eu a tivesse lido várias vezes, ela não fazia parte de meu conhecimento consciente da Bíblia. Essas promessas e metáforas específicas nunca se haviam destacado para nenhum de nós. Havia semelhança temática com a maneira como a mão de Deus, a Escritura e a experiência de vida interceptavam-se em outros dias? Certamente. Mas esse foi um encontro novo em um novo dia.

Estou convencido de que o nosso entendimento acerca do processo da vida cristã é enriquecido grandemente ao considerarmos múltiplos exemplos cotidianos, tanto na Escritura como em nossas vidas. As páginas que se seguem trazem várias perspectivas distintas a respeito de como Deus muda as pessoas.

O verdadeiro desdobramento da santificação progressiva não é um tópico teórico. Uma característica interessante é que todos os cristãos já têm pelo menos alguma experiência em primeira mão. Todo cristão pode dizer sobre alguma pessoa, passagem ou acontecimento que Deus usou: "*Isso* foi um ponto-chave para me ajudar quando eu estava lutando com *aquilo naquelas* circunstâncias". As histórias são realmente diversas![1]

Mas as experiências diretas também representam perigo. É tentador extrapolar uma regra geral a partir de sua própria experiência: "Esse deve ser o ponto-chave para todos". Tanto a Escritura como o testemunho pessoal nos ensinam que

1 Tenho sido grandemente enriquecido ao ler as reflexões ponderadas de milhares de alunos que têm detalhado as verdades, as pessoas e as circunstâncias que mais influenciaram seu crescimento em graça. Duas de suas histórias aparecem em capítulos subsequentes deste livro.

não existe uma única fórmula para os tipos de problemas que requerem santificação. Não há um objetivo uniforme. Nenhuma frase de efeito capta o alcance das verdades que moldam a mudança. Não existe uma planta baixa para a influência construtiva de outras pessoas. Não há uma fórmula singular para o modo como Deus tece o curso dos eventos, a complexidade e a beleza de sua criação, os ricos retratos da vida na literatura e nas artes – todas essas coisas.

Múltiplas histórias nos ajudam a compreender que nem todos são como nós. Existem denominadores comuns? Sim. Mas, para se tornar uma regra geral, os padrões destacados devem ser do tipo que se adapta bem e flexivelmente à multiplicidade dos casos. Procurarei fazer justiça tanto à variedade como à uniformidade dos fatores que Deus usa em nossa santificação.

2

EXISTE UM CAMINHO DE ACESSO À SANTIFICAÇÃO?

Todos nos sentimos tentados a simplificar demais. Ansiamos por uma verdade "padrão", um princípio "secreto", a técnica infalível, alguma experiência transformadora de vida que torne tudo diferente de agora em diante. Se pelo menos existisse uma coisa só que tornasse o crescimento cristão certeiro... Mas não existe uma chave única.

"APENAS..."

Com frequência, você ouve as pessoas dizerem coisas como: "Ele devia apenas se lembrar de que...", "Se ela apenas fizesse..." ou "Se eu pudesse apenas passar pela experiência...". Você mesmo provavelmente já disse coisas assim. Eu certamente já disse. Pregadores, professores, conselheiros, autores e amigos gravitam instintivamente para indicar alguma verdade, alguma disciplina espiritual, algum passo ou alguma experiência como a chave que revelará tudo. A frase "Apenas..." é um alerta. Mas não há qualquer solução "Apenas [faça x, y ou z]" para os quebra-cabeças de nossa santificação.

Este livro não surge em um vácuo. Como você, também eu tenho ouvido mensagens monocromáticas, singulares e uniformizadas dizendo-me como posso crescer na graça e no conhecimento do Senhor Jesus Cristo. Modismos e caprichos teológicos vêm e vão. Aqui está uma seleção de candidatos permanentes que nos levam a pensar: "*Essa* é a chave secreta que dará acesso à sua vida cristã!".

1. Lembre-se de que *Deus é soberano* e está fazendo todas as coisas cooperarem para o bem daqueles que o amam. O significado de seus problemas muda à medida que você compreende que ele o chamou para seu propósito salvador em Cristo.
2. Lembre-se e relembre-se de sua *identidade em Cristo*. A união com Jesus Cristo é a âncora de sua salvação. Todas as outras identidades são secundárias.
3. Certifique-se de ter *relacionamentos de prestação de contas* honestos. Nenhum de nós precisa suportar os fardos sozinho. Deus trabalha de tal forma que possamos verdadeiramente ajudar uns aos outros como servos de Cristo.
4. Beneficie-se dos *meios da graça*. Ouça boa pregação, participe dos cultos públicos e dos sacramentos e mantenha a prática da leitura da Escritura e da oração diariamente. Para ter êxito, você precisa que a verdade que está em Jesus preencha seu coração.
5. Trave uma *batalha espiritual* contra o predador de sua alma. Revista-se de Cristo. Vista o armamento de Deus da fé e do amor. Resista a mentiras, acusações, tentações e agressões do inimigo.
6. Ocupe-se de *servir* aos outros com os dons que o Senhor deu a você. Livre-se do ego. Faça algo construtivo com sua vida hoje.

7. Lembre-se de que você é aceito por Deus como seu filho e que ele perdoa completamente seus pecados por meio do derramamento do sangue de Jesus. *A graça passada* afirma que Deus sempre é por você.
8. Peça ao Senhor para lhe dar seu Santo Espírito, para que você ande em seus caminhos. *A graça presente* o fortalece diariamente na realidade de que Deus está com você.
9. Deposite integralmente sua esperança na graça a ser revelada na revelação de Jesus Cristo. A *graça futura* o conduz adiante durante a aflição porque Deus virá por você.

Cada um desses tópicos nos diz algo verdadeiro e bom. Cada um deles enfatiza uma faceta do evangelho esplêndido de Jesus. Precisamos de cada uma dessas coisas – e de muitas outras coisas também. Essas nove afirmações se tornam problemáticas somente quando cometemos o lapso de dizer: "Apenas lembre-se disso... Apenas relembre-se... Certifique-se de que... Apenas peça... Se você fizer apenas...".

Nossos nove tópicos captam algumas das promessas, revelações, propósitos, mandamentos, perspectivas, providências e auxílios que nosso Deus revela ao se revelar a nós. Nenhum deles se elege supremo, relegando os outros às sombras. Nenhum deles é mágico. E você nunca poderia se lembrar de todos eles em determinado momento. Nenhum deles significa o fim da luta – nem mesmo todos eles juntos. Eles falam de modos diferentes sobre como lutamos. E o Senhor torna diferentes verdades significativas em momentos distintos a pessoas distintas.

Observe algo mais a respeito das nove verdades. Concebi cada uma delas um pouco abstratamente. Nenhuma águia paira sobre os filhotes. Ninguém perambula pelo deserto imaginando o que o espera do outro lado daquele rio. Não ouvimos diálogos, não sentimos emoções e não assistimos a qualquer conflito específico se desenrolando. Essas verdades e exortações – verdades sábias, exortações úteis – foram extraídas do contexto. Como premissas, foram destituídas dos nomes, lugares, experiências, fracassos, sucessos, ações dramáticas e metáforas vívidas que revestem a maior parte da revelação bíblica. E precisarão ser trazidas para o aqui e agora. Você e eu precisamos de cada uma dessas verdades – e de muitas mais – para que possamos nos revestir e andar sobre o fundamento no qual andamos.

Precisamos de histórias e de figuras, tanto da Escritura como dos testemunhos da vida diária. Necessitamos entender como a Escritura ilumina e se conecta com nossa situação presente. Precisamos de auxílio prático para desenvolver as implicações e aplicações de quem somos, com o que lutamos e o que enfrentamos. Precisamos que Jesus esteja presente – o Senhor que é meu Pastor, o Senhor que protege minha saída e minha entrada. A Escritura demonstra, vívida e indutivamente, como essas verdades se movimentam e se tornam pessoais. *Nós* precisamos ganhar movimento e nos tornar pessoais. Precisamos de outras pessoas. Precisamos ouvir e guardar no coração as histórias de outras pessoas. Precisamos da criação de Deus. Precisamos entender nosso tempo. Precisamos de honestidade a respeito de nós mesmos. Necessitamos de novas lições objetivas. Precisamos de fé e amor incorporados. Precisamos de muitas sabedorias diferentes para iluminar as diferentes partes da vida. As fórmulas "Apenas..." nunca atendem às nossas necessidades.

UM EXEMPLO RECENTE

Considere, de forma sucinta, a fórmula do tipo "Apenas lembre-se de x", que tem desfrutado de popularidade especial nos anos recentes. Muitos pregadores, professores, conselheiros e escritores se focam no sétimo item de nossa lista. A graça passada – justificação pela fé e adoção como filho de Deus – tem-se apresentado frequentemente como a chave-mestra do crescimento cristão. A dinâmica da vida cristã é retratada como uma questão de continuamente se apoiar em como Deus perdoou e aceitou você.[1] *Você é santificado ao se lembrar e crer de novo que é justificado pelo que Jesus fez na cruz por você.*

Isso é verdade? A justificação pela fé no sacrifício de Cristo certamente é a pedra angular de nossa salvação. Mas a lembrança disso é sempre o ingrediente crucial de como somos mudados e santificados progressivamente? Algumas vezes, a resposta da Bíblia a essa pergunta pastoral e prática é sim; com frequência, é não. Considere esta metáfora: a Escritura retrata a transformação de nossas vidas em uma gama de cores e tons. Existem vermelhos, amarelos e azuis – com 16,8 milhões de tons entre eles. Assim, qualquer visão monocromática da santificação é como dizer: "Você está mudado pela cor vermelha". Para alguns cristãos, eventualmente, em meio a algumas lutas da vida, lembrar-se da cor vermelha – justificação pela morte de Cristo, adoção como

1 Esse ensino popular é meu estudo de caso imediato, mas minha intenção maior é abordar qualquer e todas as formas de reducionismo.

filho de Deus, perdão dos pecados – é algo crucial. Para outros cristãos, em outras épocas, que enfrentam dificuldades diversas, outras cores se revelam cruciais.

Como explicamos a dinâmica da santificação? Como os pecadores perdoados mudam? Como os santos recém-nascidos aprendem a confiar e amar? Qual é o elo que conecta o que dizemos crer com o modo como vivemos? Essas são perguntas complexas e têm-se mostrado controversas ao longo de toda a história cristã. Em termos exegéticos e teológicos, a controvérsia indaga: Qual é o relacionamento entre

- justificação e santificação?
- lei e evangelho?
- indicativos (o que Cristo fez) e imperativos (como devemos viver)?
- a graça de Deus e os mandamentos de Deus?
- a fé receptiva e as obras ativas?
- o que o Espírito faz e o que você faz?

Esses são ângulos diferentes da mesma questão importante e prática. A fidelidade exegética e a clareza teológica são importantes.

Embora eu não reivindique dispor de qualquer resposta nova a essas questões, tenho observado dois aspectos sobre a maioria dos debates. Em primeiro lugar, a maioria não dispõe de estudos de caso. Eles não contam adequadamente com a maneira como a *teologia prática* opera – tanto na Bíblia (que *é* teologia prática em ação) como nas histórias das pessoas. Quando você olha mais detalhadamente para a vida das pessoas, como elas realmente mudam? Onde ficam presas? O que muda – e o que não muda? Como ocorre esse processo? Quais são os altos e baixos característicos? Como você explica os progressos e os retrocessos? Como ajudamos uns aos outros? Como realmente a Escritura trabalha alterando os corações e as escolhas das pessoas? Como a confiança no Deus em quem você precisa confiar se conecta com o ato de amar as pessoas a quem você precisa amar? Qual é a dinâmica pela qual receber graça torna-se oferecer graça? Como a mão e a voz do Espírito que trabalha internamente se expressam externamente no fruto tangível do Espírito? E como os ministérios de palavras, cuidados e ações realmente influenciam a mudança em outra pessoa?

Tanto a Escritura como as vidas incorporam as respostas a essas perguntas de teologia prática. Em verdade, você nunca pode captar o relacionamento entre fé e obras alinhando as categorias teológicas em abstração a essas perguntas pessoais e práticas. Você precisa de pessoas para povoar tais categorias – pessoas que, com frequência, não se conformam simplesmente às categorias que usamos para explicar algo tão inexplicável quanto a própria vida! Você precisa de histórias.

Em segundo lugar, quando procuramos exprimir o debate em termos teológicos formais, todos os cristãos concordam com as linhas gerais. Três aspectos precedem qualquer processo de transformação progressiva:

- Deus deve ter a iniciativa de reconciliar nosso relacionamento fatalmente rompido com ele.
- Jesus Cristo deve realizar sua obra redentora por nós.

- O Espírito Santo deve mudar nossa natureza humana pecadora.[2]

Sim e amém. Somos salvos fora de nós mesmos e somos salvos de nós mesmos. Somos cristãos. Assim, é claro, a justificação e o perdão (juntamente com muitas outras coisas) precedem e reforçam a santificação. A graça (que assume muitas formas) precede e fortalece a obediência. O Espírito (que faz e diz muitas coisas) precede e sustenta nossos esforços. Nós fomos salvos. Nós desenvolvemos nossa salvação.

E seremos salvos. Todo cristão também concorda – em linhas gerais – que três aspectos culminam no processo de transformação:

- Jesus Cristo concluirá sua obra retornando como Rei.
- O Espírito aperfeiçoará nossa natureza humana em amor, alegria, paz e todas as outras graças.
- Conheceremos nosso Pai face a face.

O que Deus começou e continua a fazer será concluído por ele. A santificação progressiva diz respeito a como vivemos entre o estabelecimento da pedra angular por Deus e a colocação da última pedra. Como vimos, a graça opera em três tempos: passado, presente e futuro. Ninguém discorda desse nível geral, porque tais generalizações são os rudimentos da fé cristã.

---

2 É claro que os cristãos diferem quanto ao modo como os detalhes funcionam! Pessoas fiéis diferem a respeito de como expressar correta e utilmente categorias, prioridades, ordenação, ênfase, terminologia e definições. Eu tenho meus pontos de vista, mas, para o propósito deste livro, é suficiente afirmar as áreas de amplo consenso.

Mas a pergunta imperiosa permanece: *Como* os discípulos são formados ao longo do caminho? Isso não pode ser bem compreendido nas linhas gerais de nosso consenso teológico nem nas nuances refinadas da discordância teológica. Trata-se de uma questão de teologia prática, uma questão ministerial, uma questão pessoal, uma questão interpessoal. A chave principal para nossa santificação poderia ser revisitar continuamente o modo como nosso relacionamento rompido com Deus foi reconciliado pela obra de Jesus? Uma extensa Bíblia, séculos de experiência pastoral e inúmeros testemunhos dão testemunho conjunto de que há muito mais do que isso. Quando implicações práticas e pastorais são deduzidas de uma generalização teológica radical e, em seguida, sustentadas por textos selecionados e um testemunho pessoal de vertente única, alguns aspectos importantes são negligenciados.

Quando voltamos a atenção para as histórias e os detalhes da Escritura, e quando olhamos para a variedade de histórias de vida e experiência pastoral, vemos uma pluralidade que desafia o reducionismo, uma sutileza que desafia a abstração rigorosa. Naquela manhã de janeiro, Nan e eu fomos mudados ao ouvir o Senhor dizer essencialmente: "Eu busco meu povo no deserto e cuido dos meus amados como uma águia cuida dos seus filhotes". Sem dúvida, muitas doutrinas complementares explicam, matizam, complementam, concretizam e resumem as palavras de Deuteronômio 32.10–12. Toda a fé cristã opera em uma estrutura profunda, ou seja, com fundamento no fato de que "a justificação pela fé na morte de Cristo pelos nossos pecados" reforça, em seus alicerces, o modo como essa passagem é verdadeira. Mas, se eu tivesse de escolher uma base doutrinária imediata, apontaria para "o amor de Deus elegendo e buscando seu povo", ou, talvez, "os propósitos soberanos de Deus trabalhando todas as coisas para o bem". Porém, nenhuma parte dessa infraestrutura doutrinária foi decisiva para o nosso momento de santificação naquele dia. Nan foi ajudada por uma imagem vívida de cuidado pessoal: ela foi encontrada, rodeada, cuidada e guardada como a menina dos olhos de Deus. Eu fui auxiliado por uma metáfora gráfica: o Senhor desceu como uma águia, pairou sobre mim, me alcançou e me carregou em suas asas.

3

VERDADE DESEQUILIBRADA E REEQUILIBRADA

Então, qual é o relacionamento entre infraestrutura teológica e a maneira como o discipulado funciona? Como uma metáfora gráfica ou uma história complexa se relacionam com um resumo doutrinário que busca captar fielmente seu significado? Como podemos pensar em santificação progressiva de um modo que gere ação ministerial? Aqui está uma premissa essencial: *O ministério "desequilibra" a verdade por amor à relevância; a teologia "reequilibra" a verdade por amor à abrangência.*[1] Expresso de outra maneira, como você só pode dizer uma palavra de cada vez, uma palavra oportuna deve ser uma palavra selecionada, focada na necessidade do momento. E esse foco seletivo produz uma espécie de desequilíbrio. Mas, saindo da necessidade do momento, muitas coisas podem ser ditas, e essa imagem teológica maior nos ajuda a manter o equilíbrio. A verdade total é tão vasta quanto a experiência humana, tão profunda quanto o coração humano e tão insondável quanto o Deus que avalia todas as coisas e intervém em todas as coisas.

1 Estou em débito com meu amigo James Petty, por essa percepção básica.

A ARTE DE DESEQUILIBRAR

A princípio, a primeira metade dessa premissa pode parecer estranha, mas isso é o que significa. *Em qualquer momento ministerial, a tarefa é escolher, enfatizar e "desequilibrar" a verdade por amor à aplicação relevante para as pessoas e as situações em particular.* Você não pode dizer tudo de uma vez – e não deve tentar fazer isso. Os escritores da Bíblia desenvolvem o ministério desse modo. Eles dizem uma coisa relevante de cada vez. Deuteronômio 32.10–12 diz uma coisa verdadeira de modo específico e deixa mil verdades complementares não ditas. De fato, Moisés disse uma coisa verdadeira de duas formas particulares: uma delas se tornou relevante para Nan, enquanto a outra se tornou relevante para mim! Era o que precisávamos e tudo que podíamos absorver naquele momento.

É assim que Jesus ministra. Nos evangelhos, ele escolhe dizer e enfatizar certas coisas, desequilibrando a verdade total para dizer a palavra relevante, oportuna. Quando ele fala com as pessoas, mostra-se surpreendentemente concreto, direto e específico. Ele não é abrangente nem abstrato. Isso porque os evangelhos captam uma série de momentos ministeriais em que Jesus dá às pessoas aquilo de que precisam e com que podem lidar. Ao dizer algo, não tudo, ele está desafiando, sempre reordenando a vida, sempre alimentando aqueles que estão ouvindo.

O próprio exemplo de Jesus é a razão pela qual sabemos que "a santificação, ao lembrar a morte substitutiva de Cristo", não pode ser o coração pulsante de toda a santificação. Em todos os evangelhos, ele está continuamente fazendo discípulos em tudo que faz e diz. Seu ensino tem vasto alcance. As perguntas que ele faz sondam de muitos ângulos, sempre desvendando aquilo em que a pessoa realmente crê e o que está fazendo. Algumas vezes, Jesus revela quem é; outras, porém, oculta. Ele diz sim a alguns pedidos e não a outros.

E também é importante lembrar que a cruz de Cristo tem múltiplas implicações. Seu ato de morrer e sua morte expressam várias maneiras como a Escritura é relevante para formar nossa fé e nossa obediência. Aqui estão sete dos significados mais óbvios – e não reivindico que eles expliquem exaustivamente a glória diante da qual nos curvamos.

Em primeiro lugar, considere como a cruz revela *o caráter de Deus*. A misericórdia se mescla com a justiça. O amor inabalável se une à ira santa. Os lados "antagônicos" da autorrevelação de Deus demonstram a complementaridade perfeita deles. Deus é uma luz tão brilhante que nenhum homem pode habitar em sua presença; Deus é um amor tão terno que faz habitação com o homem. Em outras palavras, a cruz não diz respeito apenas a nós. Muitos homens e mulheres têm descoberto que essa realidade é profundamente humilhante, confortadora e santificadora. Algo incompreensivelmente maravilhoso se desenrola diante de nossos olhos. Ajoelhe-se, tampe a boca com a mão, reconheça a própria incompreensão e adore. A cruz diz: "Oh, vinde e o adoremos".

Em segundo lugar, considere como inúmeros homens e mulheres têm encontrado *misericórdia, conforto e alegria* no que a cruz realiza. Sem dúvida, isso diz respeito a nós. A morte de Jesus em nosso lugar significa vida, salvação, reconciliação com Deus, perdão e esperança. Ele morreu por nós – fracos, ímpios, pecadores, seus inimigos. Ele fez propiciação. Ele suportou a ira. O Cordeiro de Deus fez uma expiação substitutiva. Isso significa vida ou morte para todo ser humano. Jesus salva sua vida ou você perece. A fé capta Cristo e vive. Ele nos justifica por viver a vida que nunca poderíamos viver, por morrer a morte que nós deveríamos ter morrido, por ser elevado à vida que nós compartilharemos com ele. A cruz diz: "Eu te perdoo verdadeiramente e te aceito" (cf. Rm 1–11).

Em terceiro lugar, considere como inumeráveis filhos de Deus encontram *força na realidade de que os poderes das trevas e da morte foram vencidos* na cruz. Nossos inimigos foram desarmados. Foram expostos à vergonha. *Christus Victor* triunfou em um drama de julgamento e libertação cósmico. Sua cruz implica derrota esmagadora para o Inimigo, e a morte acima da morte e a vitória acima das mentiras e a crucificação do pecado. A cruz diz: "Não se atemorize. O príncipe deste mundo é expulso" (cf. Jo 12.31; Cl 2.15).

Em quarto lugar, considere como homens e mulheres sem conta encontram *descanso e conforto na realidade de que Jesus entra no sofrimento compassivamente*. Ele não somente se identifica; ele participa. Ele não apenas simpatiza; ele sente pessoalmente. Ele suporta nossas tristezas e sofrimentos, bem como nossos pecados. Ele não recua nem trata a aflição do aflito de um modo superficial. Ele ouve o clamor deles. A cruz diz: "Você não está sozinho. Eu estou com você. Eu o compreendo. Eu o ouço. Eu o ajudarei em sua hora de necessidade" (cf. Sl 22.24; Hb 4.16).

Em quinto lugar, considere que muitos filhos de Deus encontram *encorajamento na amizade de Cristo*. Um homem entrega sua vida por seus amigos – e Cristo criou laços de amizade conosco. Já fomos seus inimigos, mas ele nos venceu e venceu nossos corações. A cruz demonstra, de uma forma tangível, quanto Deus ama, e seu amor tem efeito cativante. Seu amor é mais do que um sentimento benevolente de afeição; ele torna seu conselho íntimo conhecido. Ele mostra o amor através do que faz. A cruz diz: "Você é meu amigo. Eu abro meu coração para você e entrego minha vida por você" (cf. Sl 25.14; Jo 15.15).

Em sexto lugar, considere que incontáveis filhos de Deus encontram *força, misericórdia e esperança na Ceia do Senhor.* A cruz cria uma comunhão de vida comum em conjunto. O doce cálice de vida que Jesus dá a seus discípulos para beber é justaposto ao amargo cálice da morte do qual ele recuou antes de beber voluntariamente. O corpo vivo desse Jesus nos nutre com o pão da vida. O derramamento de sangue desse Jesus nos nutre com o vinho do perdão. Ele diz: "Você é bem-vindo aqui. Prove e veja que o Senhor é bom. O banquete da vida está chegando" (cf. Mt 26.26–29).

Em sétimo lugar, considere quão inumeráveis são os homens e mulheres que receberam *visão e encorajamento pela* maneira *como Jesus morreu.* As sete coisas que ele disse enquanto estava pregado na cruz têm importância direta para a forma como você e eu vivemos e morremos:

- "Pai, perdoa-lhes, porque não sabem o que fazem" (Lc 23.34)
- "Em verdade te digo que hoje estarás comigo no paraíso" (Lc 23.43)
- "Vendo Jesus sua mãe e, junto a ela, o discípulo amado, disse: Mulher, eis aí teu filho. Depois, disse ao discípulo: Eis aí tua mãe" (Jo 19.26–27)
- "Deus meu, Deus meu, por que me desamparaste?" (Mt 27.46)

- "Tenho sede!" (Jo 19.28)
- "Está consumado!" (Jo 19.30)
- "Pai, nas tuas mãos entrego o meu espírito!" (Lc 23.46)

As primeiras três palavras alcançam os outros com misericórdia. Suas últimas quatro palavras se estendem a seu Pai, demonstrando necessidade. Por que isso é significativo? A verdadeira experiência de Jesus na primeira pessoa manifesta as extroversões fundamentais de fé cândida e amor personalizado. Facilmente podemos imaginar como ser torturado até à morte e enfrentar asfixia iminente levariam qualquer um de nós a um redemoinho de autoabsorção em dor e vulnerabilidade. Uma pessoa em tal agonia reage de maneira característica: desespero, raiva impotente, autocomiseração, terror e um impulso avassalador de se anestesiar ou fugir à dor. Mas, em meio ao sofrimento intenso, Jesus clama ao Pai e se importa com as pessoas a seu redor. Nós vemos e ouvimos quão honestamente ele vive os Salmos. Testemunhamos quão especificamente ele vivencia os mandamentos de amar ao seu Deus e ao seu próximo. E nos assombramos diante de tudo isso.

Aprendemos, pela maneira de nosso Salvador morrer, algo importante a respeito do que significa sermos seus discípulos. O modo como nosso Mestre morreu estabelece um padrão exemplar para o discipulado à sua imagem. Ele nos convida a segui-lo, caminhando na *via crucis*. Tenho tido o privilégio de conhecer cristãos sábios que eram confiantes, atenciosos e esperançosos no modo como viviam. E, mesmo quando estavam sofrendo e morrendo, mesmo quando se viam grandemente comprometidos por enfermidades, retiveram a essência daquelas qualidades. Tenho visto a imagem de Jesus refeita em amigos que expressaram fé e gratidão mesmo quando enfrentavam o último inimigo. Jesus deu a eles um modo de vida. Ele dá a você um modo de vida. Ele me dá um modo de vida. Ele está nos santificando nessa imagem de fé e amor em meio a quaisquer problemas que enfrentarmos. A cruz diz: "Siga-me".

O Filho de Deus revela o perfeito amor de Deus e a perfeita justiça diante de nossos olhos. O Portador de Pecados traz misericórdias e a justiça de Deus. O Rei triunfante mata todos os dragões. O verdadeiro companheiro entra compassivamente em nossas aflições. O amigo entrega sua vida por nós. O anfitrião nos dá as boas-vindas à sua mesa de banquete. Nosso modelo a seguir caminha à nossa frente no difícil caminho de fé e amor.

Você achará difícil assimilar tudo isso ao mesmo tempo. Cada aspecto é profundamente importante. Cada um desses significados da cruz muda nossa vida. Cada uma dessas realidades tem efeito santificador. Cada uma nos discipula para a humildade, a confiança, a ternura e a esperança que adornam a fé cristã com sua graça verdadeira. Cada uma é relevante à sua própria maneira. Devemos escolher? Devemos excluir os outros ou relegá-los às sombras? Qual desses aspectos é mais relevante para você em sua situação atual?

Você achará difícil conversar com outra pessoa sobre tudo isso simultaneamente. Se você tentar, provavelmente sobrecarregará seu amigo com verdade demais a um só tempo. Você perderá a necessidade pertinente do momento. Qual aspecto é mais oportuno para essa pessoa nessa situação, ao enfrentar esses problemas? E todos esses significados viverão em seu coração de tal forma que poderão ser expressos com seus lábios quando a necessidade do momento pedir?

Com o intuito de você mesmo viver bem e ministrar bem a outras pessoas, desejará aprender a arte do desequilíbrio habilidoso. Mas, mesmo da maneira como tenho discutido a arte do desequilíbrio, tenho procurado evitá-lo. Assim, ao observarmos como cada um dos vários significados "da cruz" pode tornar-se notável e relevante, já vimos a importância do reequilíbrio.

A ARTE DO REEQUILÍBRIO

O ministério prático se foca em uma verdade entre muitas por amor à relevância de contextos e necessidades particulares. Mas a segunda metade de nossa premissa essencial é igualmente importante. *A tarefa da reflexão teológica é "reequilibrar" a verdade por amor à abrangência*. É útil saber tudo o que você pode precisar dizer, mesmo sabendo que pode dizer apenas uma coisa de cada vez.

O equilíbrio apresenta dois aspectos. O primeiro é que o reequilíbrio é alcançado ao se abstrair e generalizar fielmente. É extremamente útil que entendamos nossa fé cristã de forma concreta. Assim, a *teologia sistemática* nos auxilia ao organizar a revelação em categorias lógicas. Quando bem-feita, ela demonstra o inter-relacionamento dinâmico e orgânico entre verdades complementares. (Com frequência, atua melhor com categorias lógicas do que com a ilustração de conexões orgânicas entre doutrinas.) E nos é igualmente útil entender a fé cristã como uma história de redenção que se desenrola. *A teologia bíblica* nos atende bem ao traçar a sequência das ações e palavras de Deus no curso da história. Quando bem desenvolvida, também mostra como a história mais abrangente é composta de numerosas cenas, incidentes, momentos e retratos. (Com frequência, ela age melhor no esboço de metanarrativas do que em manter contato com as micronarrativas.) A generalização nos auxilia a manter uma visão do todo. Uma visão teológica abrangente nos protege de exagerar, ignorar ou generalizar em excesso.

Um segundo tipo de reequilíbrio é obtido pelo amplo conhecimento da Bíblia. A Escritura incorpora o inter-relacionamento orgânico de muitas verdades. A Escritura revela o drama da redenção em muitos pequenos momentos. E a Escritura considera as muitas facetas distintas da experiência humana. Por exemplo, aqui estão três passagens que demonstram como atentar para toda a extensão da Escritura traz sabedoria flexível para a forma como você se envolve com os outros e se comunica com eles:

- A principal pergunta que impulsiona os Salmos e 1 Pedro é como enfrentar as experiências de sofrimento. Mas os Salmos examinam mais profundamente o relacionamento do sofredor com Deus, enquanto Pedro analisa mais os relacionamentos do sofredor com as pessoas.
- Em contraste, tanto Provérbios como 2 Pedro são impulsionados pela necessidade de distinguir falsas vozes de vozes verdadeiras, e um estilo de vida que acaba em morte de um caminho de vida frutífero. Mas Provérbios focaliza mais as deslealdades na vida diária, enquanto Pedro focaliza a traição dos falsos mestres em posição de autoridade.
- Em João 11.21, 32, depois da morte de Lázaro, primeiro Marta, depois Maria, aproximam-se de Jesus, cada uma delas dizendo: "Senhor, se tu estivesses aqui, meu irmão

> não teria morrido". Ele replicou com uma lição teológica para Marta e para seus discípulos fatalistas. Mas, para Maria e os espectadores céticos, a resposta de Jesus foi emoção profunda seguida de ação dramática.

Perguntas existenciais diferentes requerem abordagens ministeriais diferentes. A amplitude da Escritura mostra, caso após caso, como contextos ministeriais distintos geram diferentes mensagens e ações. A sensibilidade à variedade nos protege de exagerar, ignorar e generalizar demais.

Com o intuito de ministrar verdadeiramente às pessoas, você precisa de seletividade sábia, mantendo em mente o mais completo repertório de opções. Você não constrói uma casa somente com uma ferramenta de sua caixa quando Deus lhe oferece um caminhão repleto de ferramentas. Mas você usa uma ferramenta de cada vez, a ferramenta certa para o trabalho certo.

A dinâmica desequilíbrio–reequilíbrio é crucial para o modo como crescemos e para como ajudamos outras pessoas. Entender isso também ajuda a explicar por que o ensino "equilibrado" frequentemente parece geral, não específico e até monótono, enquanto a aplicação "desequilibrada" soa afiada, relevante e brilhante. Nesse sentido, o ensino que é apenas equilibrado soa irrelevante. Ele discute tópicos em vez de tocar as pessoas nas questões de interesse urgente. O ministério eletrifica quando conecta algo a alguém, em vez de tentar dizer tudo a ninguém em particular. Teólogos e professores, tomem cuidado!

O relacionamento delicado entre toda a verdade que orienta e as verdades particulares que brilham também ajuda a explicar como o ensino "desequilibrado" pode dar errado.

Existem boas razões para nem todo cristão impressionar-se com a única verdade que pode ter revolucionado a sua vida. Aquela verdade parcial única pode ter realmente auxiliado você, e pode estar atraindo um tipo específico de pessoa ao seu ministério. Mas, quando uma verdade se transforma na Verdade – a verdade completa –, torna-se um machado a ser afiado. Ela promete uma panaceia, algo que "cura tudo". Enquanto isso acontece, esse processo desliza na direção de uma fórmula mágica, um "segredo" a ser descoberto, e não a sabedoria clara e simples de Deus. Uma palavra que realmente ajuda alguns tipos de pessoa pode revelar-se inútil – até mesmo enganadora e destrutiva – para pessoas que precisem de outros tipos de ajuda que Deus dá. Pregadores e conselheiros, tomem cuidado!

Estou dizendo, por exemplo, que apontar a justificação de pecadores para uma pessoa poderia ser, na verdade, pastoralmente prejudicial? Sim. Se o que você precisa saber é "Estou contigo agora mesmo. Eu sou seu refúgio nessa aflição", então pode permanecer faminto se o que receber for "Eu morri por seus pecados de uma vez por todas". Você pode martirizar-se por sua falta de fé ou pode tornar-se frio em relação a Deus porque a mensagem reinvindicada que o ajudaria não parece tocar a sua necessidade de auxílio. Em última análise, uma verdade apresentada com insistência desapontará até mesmo seus devotos. Em outra circunstância da vida, enfrentando um problema diferente, eles também necessitarão de outros tipos de ajuda. O que em uma época é empolgante se torna desinteressante, uma resposta repetitiva que não satisfaz mais.

A história com que iniciei este livro era "desequilibrada". Naquele dia em particular, Nan e eu chegamos à presença de

Deus aos tropeções, com baixas expectativas e somente um plano de leitura que nos direcionou a abrir a Bíblia em um lugar específico. O Senhor nos surpreendeu com promessas sugestivas e acendeu a imaginação da fé. Nós obedecemos de forma prática porque nossas imaginações se incendiaram. Naquela manhã, fomos santificados por promessas abrangentes que motivaram nossas ações.

Mas é assim que sempre acontece?

4

DEUS NOS ALCANÇA COM SEUS MANDAMENTOS

Estou escrevendo três dias depois de Deus ter usado as promessas de Deuteronômio 32 para revigorar a mim e Nan. Esses três últimos dias foram marcados por uma dinâmica totalmente diferente. A cada manhã, tenho sido santificado por analisar, intencionalmente, *mandamentos* específicos. Uma sentença familiar tem sido minha companheira diária na obra discipuladora do Espírito Santo: "Ora, o intuito da presente admoestação visa ao amor que procede de coração puro, e de consciência boa, e de fé sem hipocrisia" (1Tm 1.5). Nessa passagem, Paulo descreve o alvo de todo ministério. A fé madura e o amor sábio conferem a aparência da santidade. Essa é a santificação que o discipulado produz.

O AMOR A DEUS E AO PRÓXIMO É *BOM*

Essa transformação do comportamento e da motivação está inteiramente enraizada nas promessas certas de bênçãos contínuas: "graça, misericórdia e paz, da parte de Deus Pai e de Cristo Jesus, nosso Senhor" (1Tm 1.2). Mas, analisada ao pé da letra, a incumbência de Paulo é lei no melhor e mais fundamental senso da palavra. A lei é boa. A lei moral de Deus descreve fé e amor. "Confia no SENHOR de todo o teu coração" (Pv 3.5) é um convite a um coração puro, uma boa consciência e uma fé sincera. "(...) tenha cada um em vista... o que é dos outros" (Fp 2.4) é um chamado para o amor genuíno. O que Deus ordena expressa o propósito íntimo de Jesus de trabalhar conosco para nos libertar.

A lei moral não é apenas um padrão contra o qual os pecadores erram, levando-nos à necessidade de nosso Salvador. Deus é amor, e sua lei revela a imagem segundo a qual ele nos criou e a imagem segundo a qual ele está nos recriando. A lei descreve bem o amor. Não é algo frio, legalista, ameaçador nem impessoal; é caloroso, humano, desejável e pessoal. A lei de Deus descreve como a humanidade plena opera quando em liberdade. Ela retrata como a sabedoria tem suas percepções e age. Fornece um vislumbre daquilo em que estamos nos transformando sob a mão gentil e firme da graça de nosso Salvador. Por que essa lei de Cristo provou-se tão nutritiva para mim e teve um impacto tão visível nesses últimos três dias?

Aqui vai um pouco de história dos bastidores que capta como esse rico mandamento tem tocado a minha vida. Para começar, não sou uma pessoa diurna – teias de aranha são um eufemismo. Dou gargalhadas quando leio a descrição do contraste entre dois de meus personagens literários favoritos, Stephen Maturin e Jack Aubrey: "Stephen ainda parecia estúpido devido ao sono pesado... Ele era um objeto desalinhado e sujo, seus neurônios ainda não reunidos em tropa ordeira, enquanto Jack estava na crista da onda da vida diária".[1] Consigo me identificar com aquela estupidez desalinhada, aquela men-

1 Patrick O'Brian, *The Surgeon's Mate* (Nova Iorque: W. W. Norton, 1981), 282.

te à deriva em um labirinto desordenado. Identifico-me com aquele contraste entre meu início lento e alguns amigos que se levantam vibrantemente acordados e prontos para a ação às cinco e meia todos os dias. Mas Deus não me deixa desalinhado. Em cada uma das últimas três manhãs, ao refletir sobre a vontade de Deus para mim expressa em 1 Timóteo 1.5, essa tropa desordenada tem gradualmente formado fila e marchado para o dia com uma onda crescente de alegria e propósito.

Paulo me incumbe de considerar os outros porque estou atento a Deus. A santidade em meus relacionamentos com os outros é o ponto principal. Santificação significa amar outras pessoas direta, livre e genuinamente. Senhor, ajuda-me a parar, me interessar, observar, ouvir, expressar apreciação sincera, compartilhar minha vida. E ele ajuda. Esse alvo tem marcado minhas intenções conscientes quando participo de reuniões, quando dialogo com amigos de trabalho no corredor, quando me vejo em aconselhamento face a face, quando volto para casa, para Nan. Essas palavras têm-me ajudado a tratar os outros bem. Ser indiferente, ou teimoso, ou preocupado ou evitar as pessoas, tudo isso vem facilmente. Mas há um pouco de santidade quando fico feliz em ver alguém, quando faço uma pergunta querendo realmente saber a resposta, quando ouço com atenção, quando afirmo de forma genuína, quando recuo honesta e construtivamente. Essas palavras da carta de Paulo têm marcado minhas reflexões sobre o assunto. Pai, ajuda-me a escrever de uma forma construtiva, de acordo com a necessidade das pessoas no momento. Que essas palavras transmitam graça!

Amar outras pessoas vem de algum lugar: "coração puro e boa consciência e fé sincera". Importar-se com os outros (santificação horizontal) surge da reorientação para Deus (santificação vertical). Tenho refletido conscientemente sobre as três maneiras como esse mandamento descreve nossa reorientação para Deus:

- *Um coração puro.* Pai, torna-me menos dividido por lealdades e agendas rivais, por desejos e ansiedades desgovernados. Faça-me amar a ti com mais simplicidade.
- *Uma boa consciência.* Senhor, sintonize minha consciência de tal maneira que eu avalie todas as coisas da maneira como o Senhor as avalia. Torne minha consciência viva e ativa. Imbua minha consciência da misericórdia e dos propósitos redentores de Cristo.
- *Uma fé sincera.* Espírito Santo, torna-me simples, sincero e flexível. Faça-me confiar em ti na necessidade, na gratidão, na alegria, na dependência.

Quando pedimos qualquer coisa de acordo com a vontade dele, ele nos ouve e seremos santificados.

ATENÇÃO AOS BONS CAMINHOS PELOS QUAIS DEUS TRABALHA

Em determinado dia da semana passada, Nan e eu fomos surpreendidos por presentes de promessa exuberante que tratam da experiência de nos sentirmos importunados, oprimidos e sozinhos. A palavra santificadora do Espírito veio como uma metáfora penetrantemente evocativa do Antigo Testamento, como um indicativo, como evangelho (no sentido mais amplo da palavra), como um dom de graça que alimenta a fé. A obediência que se seguiu surgiu espontaneamente, não sendo requisitada pela passagem em si.

Depois, nos dias subsequentes, a palavra santificadora do Espírito veio quando refleti intencionalmente acerca de um mandamento. Eu me alimentei de imperativos. Os imperativos retratam como Jesus é. Essa lei de Cristo e essa lei de amor guiaram minha intercessão, minha aspiração e meus esforços. Essa palavra apostólica me convocou à obediência dinâmica de fé e à obediência dinâmica de amor – pressupostas em Deus e em Cristo, dependentes deles e procurando a graça, a misericórdia e a paz deles.

A obra de Cristo na cruz – teologicamente, tão fundamental – estava inteiramente *implícita* em toda essa semana em particular, não mencionada nessas passagens da Escritura nem dita audivelmente ou ponderada conscientemente. Ela não estava ausente – a base de uma casa é sempre fundamental. Quando exisem rachaduras na fundação, quando a casa está propensa a ceder, você trabalha diretamente na fundação. Mas, outras vezes, simplesmente vive em uma casa bem mobiliada.

Em toda a minha vida cristã, tem havido – e creio que haverá – muitas outras palavras que comprovam a reorganização da vida, do dia, do momento. (E lembre-se: aqui estamos discutindo apenas o aspecto da santificação Palavra e Espírito. Muitas outras coisas afetam nossa santificação – a contribuição e o exemplo de outras pessoas, a participação na adoração e nos sacramentos, a observação da criação de Deus, a experiência de como ele trabalha no sofrimento, o ato de aprender a orar honestamente e assim por diante).

Nenhum de meus dois exemplos específicos da semana anterior toca a todos ou a qualquer situação. Considere outras necessidades humanas que clamam por um Redentor. O que falar a um enganador adúltero reincidente? A uma criança impressionada pela beleza da neve caindo? A uma mulher se defrontando com um diagnóstico de câncer de ovário que teve metástase? A um adúltero arrependido dilacerado pela culpa? A uma mulher de negócios diante de um dilema ético em seu ambiente de trabalho? A recém-casados virgens prestes a ter relações sexuais pela primeira vez? A um homem idoso deprimido, para quem a centelha da vida se apagou há vinte anos, quando sua esposa faleceu? E até essa lista elenca apenas poucas categorias de pessoas – e indivíduos são indivíduos, não categorias. Que palavra será oportuna para mim amanhã de manhã? E para você? E para a próxima pessoa com quem você conversar?

O ministério, a Escritura e o Espírito falam de maneiras variadas. Então, mostre-se cauteloso em como generaliza sobre santificação. É por essa razão que dois de seus amigos sábios e piedosos falarão de forma diferente a você, mesmo quando estiverem tratando da mesma situação. A unidade orgânica (equilíbrio) e a adaptabilidade infinita (desequilíbrio) caracterizam a sabedoria que nos santifica. Não há fórmula nem resposta conveniente. Quando dois amigos dizem a mesma coisa, ou quando você diz a mesma coisa a toda pessoa que passa por um problema, provavelmente é uma resposta de conveniência.

Minhas histórias proporcionam várias amostras básicas da aplicação pastoral da Escritura à santificação. Mas e se eu tentar delinear as conclusões teológicas da minha experiência? No primeiro caso, posso concluir e ensinar: "Tudo que você precisa é das promessas abrangentes de Deus. Simplesmente confie no cuidado inicial e interventor de Deus. A obediência fluirá de forma espontânea. Qualquer esforço ou luta na vida cristã é a luta para lembrar que Deus protege aqueles que ele ama". Mas, se formei minha teologia do segundo caso, posso concluir e ensinar: "A graça de Deus estabelece a fundação de uma vez por todas. Agora focalize todos os seus esforços em amar a Deus e ao seu próximo. Pense bem. Planeje bem. Esforce-se para se disciplinar em obediência prática". Em qualquer um dos casos, eu teria extrapolado uma generalização plausível, mas inadequada, de uma verdade linda e de uma experiência que é pessoalmente significativa. Cada uma das formulações quase funciona. Mas, inevitavelmente, a primeira generalização se direciona ao pietismo, enquanto a segunda se dirige ao moralismo.

No final das contas, cada uma das generalizações exageradas cria problemas teológicos e problemas pastorais. Nenhuma generalização ensina a você como Cristo reprova um malfeitor despótico. Nenhuma transmite conforto a uma pessoa em agonia, que precisa saber que Deus é um lugar seguro. Nenhuma trata diretamente daqueles que estão exaustos, que precisam da fé em que um dia essa luta contra o pecado e o sofrimento terá fim, que precisam saber que todas as coisas serão renovadas. Nenhuma lembra você de que Jesus Cristo salva até mesmo o maior dos pecadores.

5

SOMOS SANTIFICADOS AO NOS LEMBRARMOS DE NOSSA JUSTIFICAÇÃO

A Escritura não nos conta as "coisas secretas" que "pertencem ao Senhor" (Dt 29.29), mas fala das coisas reveladas que Deus pretende usar para reformular nossas vidas. Um catalisador para este livro foi o predomínio dos ensinos "Apenas lembre-se da cruz", sobre a santificação. Mas não quero que você fique com uma ideia equivocada a esse respeito. Quero que se lembre de que Deus aceita você por causa de quem Jesus Cristo é e do que fez. Nossos esforços em nos tornar aceitáveis ou fazer penitência por nossos erros não são a razão de ele nos fazer seus. Eu critiquei uma mensagem exagerada, mas há o bem que salva vidas na mensagem corretamente anunciada.

DECLARAÇÃO CLARA, NÃO EXAGERO

Aqui estão alguns dos chavões que reivindicam descrever a dinâmica essencial da santificação: "Medite em sua justificação"; "Lembre-se do evangelho"; "Contemple a cruz"; "Pregue o evangelho para si mesmo"; "Perceba que você é aceito pela realização de Cristo, não pela sua". Cada uma dessas exortações pode ser aplicada de um modo muito útil. Mas, quando o "desequilíbrio" *oportuno* se torna *repetitiva* e *assertivamente* desequilibrado, essas frases podem tornar-se falaciosas tanto pastoralmente como pessoalmente. Outras coisas úteis e necessárias são abafadas. De uma forma isolada, essas declarações levam às seguintes generalizações:

- A santificação envolve essencialmente a atividade de nos lembrar, crer e descansar na justificação. A reencenação da morte substitutiva de Jesus por nossos pecados é o ponto-chave dinâmico que impulsiona nossa santificação.
- A salvação própria por intermédio de nossos esforços é o pecado dos pecados. A tentativa de justificação própria por meio do desempenho é o problema mais profundo, mais persistente e mais significativo que impede a santificação e a exige.
- Quando a Bíblia diz "Esforçai-vos", a luta da vida cristã é a respeito da obra de nos lembrar que somos justificados e aceitos pelo que Cristo fez. A santificação não diz respeito ao nosso comportamento, mas a nos agarrarmos à misericórdia de Cristo.

Essas generalizações simplesmente não são verdadeiras. A Bíblia mostra isso de uma forma explícita e diz algo bem diferente. As histórias das pessoas mostram e contam algo diferente. Como aplicações seletivas e pastorais em certos casos e situações, todas essas afirmações contêm algo verdadeiro e útil. Porém, declaradas como generalizações teológicas sobre a dinâmica universal da vida cristã, são exageradas e reducionistas. E, no final, o exagero sempre deixa a desejar. O reducionismo promete demais com muito pouco. Quando a teoria ultrapassa a realidade, a realidade dá o troco.

Mas, quando nossa teoria e nossa prática são compatíveis com a realidade, a realidade se torna reformulada. Você cresce tão sábio e flexível quanto as Escrituras, que têm a habilidade de se adaptar às conturbadas complexidades e idiossincrasias da realidade. A Escritura falará de forma ousada uma parte desequilibrada de verdade relevante a uma situação em que se mostra adequada, e depois, no parágrafo seguinte, falará de um modo totalmente diferente em uma situação diferente. Se reafirmarmos os três exageros anteriores de uma forma mais modesta – cada um deles como uma possível diretriz pastoral entre muitas palavras pastorais potencialmente úteis –, as verdades profundas emergem com clareza:

- *Algumas vezes* você é santificado por se lembrar diretamente de que Deus o justifica com base na justiça, no sacrifício expiatório e na ressurreição de Cristo.
- Fundamentar seu relacionamento com Deus em seu desempenho é *um problema comum* que tanto requer santificação como cria um obstáculo a ela.
- *Algumas vezes* é difícil lembrar que você é justificado pela obra de Cristo – e vale a pena lutar para deixar esse fundamento bem claro.

Consegue ver como essa lista difere da anterior? Atenuações claras, simples e precisas têm um jeito de comunicar mais do que você espera ao final. Você pode perguntar-se honestamente: "Isso me descreve ou não?". E sua resposta sincera será sim ou não.

LEMBRE-SE DE SUA JUSTIFICAÇÃO

Vamos concentrar a atenção nas ocasiões em que a resposta for sim. Somos mudados por saber que somos justificados pela fé? Sim e amém. Lembrar-se conscientemente e considerar que você é completamente aceito por Deus por causa do que Jesus Cristo fez por você faz uma grande diferença em sua vida cristã. Ele se aproximou para tomar você pela mão e o salvou. Em amizade, pregação, aconselhamento e discipulado, essa pode ser *exatamente* a mensagem que precisa ser apresentada. Essa verdade é teologicamente fundamental para uma pessoa ser cristã, ser perdoada, ser tornada justa com Deus, para ter a coragem de ser honesta a respeito dos próprios pecados (uma das transformações fundamentais do processo de santificação). É elementar – não no sentido moderno de ser tão fácil quanto ABC, mas no antigo sentido de ser básico, fundamental, essencial, constitutivo.

A conscientização dessa verdade não trabalha para mudar as pessoas somente no início da fé cristã. As cartas do Novo Testamento são escritas para cristãos. Como um aspecto do cuidado pastoral apostólico pela santificação, elas frequentemente lembram ao povo de Deus a respeito do que Cristo fez por nós. Não surpreende o fato de que conheço muitos cristãos verdadeiros que somente vieram a compreender o significado do que Cristo fez na cruz gradualmente. Crescer em tal conhecimento tem sido parte crucial da santificação deles, da confiança e da segurança crescente deles, de seu entendimento a respeito da pecaminosidade, de sua gratidão. Com frequência, o crescimento naquelas coisas é vagaroso e difícil.

Quais seriam algumas maneiras pelas quais o entendimento da justificação e o descanso nela pela fé ministrariam diretamente de forma pastoral? Muitas vezes, essa verdade influencia, de uma forma poderosa, as pessoas que são propensas ao próprio desempenho. Conforta aqueles que estão perturbados pelo ferrão dos próprios fracassos. Perturba aqueles que se sentem confortáveis e satisfeitos em seus próprios sucessos. Ansiedade e a depressão podem parecer o oposto de orgulho e confiança própria, mas podem dar origem à mesma compulsão subjacente.

A justificação pela fé é confortadora. Homens e mulheres que duvidam de que são aceitáveis e aceitos, que lutam com a questão de crer que Deus poderia amá-los um dia, que sentem que sempre fracassam ou que se esquivam com vergonha de Deus são fundamentalmente ajudados. Ouça, aprenda e confie que Deus nos reconcilia verdadeiramente e de boa vontade consigo mesmo por intermédio de Cristo. Ele apruma aqueles que estão esmagados por suas falhas, autocondenação, culpa e vergonha. Suas misericórdias tocam nossa necessidade.

A justificação pela fé também é perturbadora. Homens e mulheres que são exageradamente confiantes em si mesmos; que tentam mostrar sua capacidade a Deus, aos outros e a si mesmos por sua bondade; que tentam salvar o mundo por seus esforços; ou que se ocupam demasiadamente construindo um currículo e elaborando uma identidade são humilhados. Deus humilha aqueles que são orgulhosos, confiantes em si e que têm justiça própria. Ele nos ensina a necessitar de suas misericórdias.

SE DEUS É POR NÓS...

Assim, se você pensar que é mal demais ou bom o suficiente, faz diferença saber que nos tornamos justos com Deus pela fé em Cristo e pelo que ele fez. Tal fé é uma mão vazia estendida para receber vida. Aqui está uma descrição bíblica de como ele fez isso:

> Se Deus é por nós, quem será contra nós? Aquele que não poupou o seu próprio Filho, antes, por todos nós o entregou, porventura não nos dará graciosamente com ele todas as coisas? Quem intentará acusação contra os eleitos de Deus? É Deus quem os justifica. Quem os condenará? É Cristo Jesus quem morreu ou, antes, quem ressuscitou, o qual está à direita de Deus e também intercede por nós (Rm 8.31–34)

Considere isso. Nunca se esqueça. Se você se sentir *in*digno e, apesar disso, todas essas coisas forem verdadeiras, então a porta para o Pai permanece escancarada. Se você pensa que é digno, porque essas coisas são verdadeiras, essa é a única porta para o Pai. Ele realmente quer dizer o que diz: "Venha a mim". Assim, qualquer que seja sua luta, dê crédito à sua palavra.

Até aqui, tudo bem. Mas agora observe algo significativo sobre o propósito pastoral de Romanos 8.18–39. Paulo afirma abertamente suas razões para mencionar as misericórdias justificadoras de Deus em 8.31–34. Ele não está nem pensando em pessoas orientadas pelo desempenho. Nossos esforços de salvação pessoal, nossos pecados e o ato de colocar a fé pessoal na obra expiatória de Cristo para perdão não estão em vista.[1] A aplicação direta *nessa* discussão de justificação se aplica a

1 Isso não invalida a aplicação feita nos parágrafos anteriores. Como a obra pastoral faz com muita frequência, aquela aplicação foi por implicação e extensão, e não a aplicação exata feita pelo texto.

pessoas que enfrentam dificuldades, fraquezas e hostilidade. Elas são tentadas a duvidar do amor de Deus, a se sentir abandonadas por Deus, a se sentir ameaçadas por "sofrimentos do tempo presente" (8.18). Romanos 8.31–34 menciona que Deus já nos justificou pela morte de Cristo como uma forma de dar esperança e conforto aos sofredores, não para lembrar os pecadores ansiosos ou os lutadores obsessivos. A solução original não foi "Você pode sair dessa esteira de desempenho – Deus não o condena pelos seus pecados". A saída foi: "Embora a vida se torne dura, nada e ninguém têm poder para destruí-lo e separá-lo do amor de Deus". A segunda metade de Romanos 8 santifica você quando a vida terrena é um vale de fraqueza, aflição, gemidos e lágrimas.

No contexto pastoral de Romanos 8, a justificação pela fé serve como um parágrafo em uma longa série de parágrafos que têm o objetivo de destacar uma verdade muito maior: *Deus é por você*. Uma maneira pela qual ele mostra isso é justificando os pecadores. E esse é um dos milhares de modos como Deus demonstra atitude essencial em seu favor. Não vou esmiuçar as dezenas ou mais de maneiras como Romanos 8.18–39 expressa e reforça o "Eu sou por você" do Senhor. Mas observe como apenas dentro de Romanos 8.31–34 a certeza de que Deus é seu justificador se une a quatro outras formas que ele usa para mostrar como ama você:

- Deus não poupou o próprio Filho. Isso não é uma repetição de como e por que o perdão e a justificação foram realizados. Paulo está descrevendo a atitude e o propósito que animaram Deus a nos dar seu mais próximo, o mais querido e o melhor. *Ele se importou com você.*

- Deus nos escolheu para sermos seus por meio de seu amor eletivo, possessivo. Isso indica que Deus coloca sua afeição livremente no povo escolhido. *Ele se importou com você o tempo todo.*
- Se Deus já nos deu seu próprio Filho, então é claro que nos dará livremente todas as outras coisas boas. Isso aponta para muitas outras bênçãos, passadas, presentes e futuras, que vêm em séquito com Cristo (muitas delas mencionadas anteriormente em Romanos 8). *Ele é por você abundantemente.*
- Esse Cristo Jesus, que morreu e foi ressuscitado, continua a interceder em nosso favor. Isso aponta para o Cristo vivo e o que ele está fazendo agora mesmo. *Ele ainda é por você.*

Deus não nos condena; ele nos ama – e é aquele que decide. Muitas verdades entrelaçadas, mutuamente profundas e nutridoras da alma atendem a uma promessa mais ampla. Em meio a circunstâncias dolorosas, não desanime, porque *toda* bênção (inclusive a justificação) trabalha para sua santificação, sua fé, sua obediência e sua esperança.

E há mais, é claro. Romanos 8.35–39 mergulha no atoleiro da angústia e dos problemas que enfrentamos – inclusive a morte. Aponta para todas as forças poderosas agrupadas contra nós. Alguma coisa pode nos separar do amor de Cristo? Nada pode nos separar do amor de Deus em Cristo Jesus, nosso Senhor. Ele será *por* você para sempre e, depois, ele estará *com* você para sempre.

6

O QUE TRANSFORMA VOCÊ?

Um dos objetivos deste livro é conectar os detalhes que nos tornam diferentes entre nós aos temas que nos fazem semelhantes. Embora os caminhos de Deus em relação a nós não sigam uma fórmula, a variedade na vida e na Escritura não é aleatória e caótica. Ela se organiza segundo certos padrões. Contém certos tipos de ingredientes. Nenhum fator único, nenhuma verdade, nenhum protocolo podem captar como e por que uma pessoa cresce à imagem de Cristo. Múltiplos fatores sempre cooperam para a santificação progressiva. Mas Deus nos ajuda a manter a direção em meio a uma profusão de variáveis. Este capítulo oferece uma estrutura simples para englobar as variáveis de como Deus trabalha para nos transformar.

MANTENDO A SIMPLICIDADE

Os seres humanos se dão bem com o que é simples. Temos muitas dificuldades com o que é complicado. E temos dificuldades com o que é simplista. A verdadeira sabedoria tem uma simplicidade encantadora. A tolice complica ou simplifica exageradamente. Dois de meus provérbios modernos favoritos comentam sobre o relacionamento entre o simplista, o complicado e o verdadeiro simples.[1]

---

1 Atribuídos a Oliver Wendell Holmes Sr. e a Addison Leitch, respectivamente. Mas, como muitas partes de sabedoria proverbial, é difícil verificar as atribuições.

> Eu não daria a mínima para esse lado terreno da complexidade, mas daria a vida pela simplicidade de seu lado celestial.
>
> A perspectiva míope da complexidade é simplista, mas sua perspectiva abrangente é simples.

O verdadeiramente simples responde por todas as complexidades.

Por exemplo, considere as seguintes palavras de Jesus: "Não podeis servir a Deus e às riquezas" (Mt 6.24; Lc 16.13). Isso é simples. Qual é o objetivo de sua vida? Se você herdar milhões ou trabalhar duro para ter uma vida decente, ou ainda se viver em uma pobreza profunda, na linha divisória entre vida e morte, as palavras de Jesus servem para você. Seus pecados relativos a dinheiro se concentram em torno da ansiedade? Do consumismo conspícuo? Da cobiça? Do roubo? Da confiança presunçosa? Do desespero? A verdade simples de Jesus responde por você, não importando quais sejam sua posição econômica, seu histórico-cultural ou suas peculiaridades pessoais. Palavras simples sondam e respondem por toda a complexidade. Esse é o tipo de generalização que nos atende bem. Não é reducionista. Não é vaga. Desenvolve um trabalho útil em nos ajudar a entender a nós mesmos e aos outros.

Como podemos compreender o relacionamento entre simples e complexo sem nos tornarmos simplistas ou reducionistas? Como podemos entender o relacionamento entre simples e complexo sem nos perdermos em complicações, permutações e variações sem-fim? O que muda você para melhor? O que dá uma reviravolta em sua vida?

- Deus desvia você das trevas para a luz?
- A Escritura desvia você das mentiras para a verdade?
- Pessoas sábias desviam você da tolice para a sabedoria?
- As circunstâncias desafiadoras da vida desviam você das vaidades para o bem duradouro?
- Você mesmo se volta para Deus e se desvia do mundo, da carne e do Diabo?

Sim. Todas as respostas acima. Embora os detalhes tragam inúmeras variáveis à mesa, a mudança construtiva ocorre por meio da interação de cinco fatores: Deus, Escritura, outras pessoas, circunstâncias da vida e coração humano. A Figura 1 é um desenho simples que reúne esses cinco elementos cooperantes.

Figura 1. Cinco fatores de santificação

A forma como qualquer vida se desdobra não é estereotipada, apesar de as variantes desses cinco fatores se entrelaçarem dentro de toda história do nosso discipulado. Essa interação surge em todo lugar na Escritura. A história de sua vida em Cristo é composta por esses elementos. Vejamos, em síntese, cada um deles.

MANTENDO CINCO FATORES EM VISTA

Em primeiro lugar e de um modo fundamental a todos, *o próprio Deus muda você*. "Porque Deus é quem efetua em vós tanto o querer como o realizar, segunda a sua boa vontade" (Fp 2.13). Ele intervém em sua vida, desviando você de pensamentos suicidas para o reino de vida. Ele ressuscita você em Cristo quando você está morto em transgressões e pecados. Ele restaura sua audição quando você está surdo (de outra forma, você não poderia ouvi-lo). Ele lhe dá visão quando você está cego (você não poderia vê-lo de outra maneira). Ele está presente imediata e pessoalmente, como uma voz criadora de vida, uma mão forte e fortalecedora. Todo bom fruto em nossas vidas vem do Espírito Santo trabalhando na cena. Jesus disse que seria melhor se ele fosse embora, porque o Espírito Santo viria (Jo 16.7). O Espírito Santo continua a fazer as coisas que Jesus faz – acrescentando continuamente o número de livros que poderiam ser escritos. As histórias que contei até agora não são apenas sobre o que aconteceu comigo e o que fiz; são sobre o que Jesus Cristo fez ao cuidar de me salvar e me santificar em todos os meus dias.

Em segundo lugar, *a Palavra de verdade muda você*.

> O testemunho do Senhor é fiel e
> dá sabedoria aos símplices (Sl 19.7).

Deus comunica mensagens a nós – muitas mensagens. A Escritura fala com uma voz verdadeira para um mundo agitado por vozes falsas. A Escritura revela inúmeras características da pessoa, propósitos, vontade, promessas e ações de Deus. A Escritura esclarece toda faceta da experiência humana. E eu me conheço verdadeiramente quando vivo diante dos olhos daquele cuja opinião é importante. Não é por acaso que a Escritura aparece em cada uma das histórias que contei.

É claro que a Escritura e Deus trabalham em harmonia. De fato, todas as cinco dimensões são complementares – e, em última instância, tudo depende da mão de Deus. Uma bela expressão da interação entre a Palavra de Deus e o Deus da Palavra ocorre em Romanos 15. Paulo destaca inicialmente como a *Escritura* nos transforma: "Pois tudo quanto, outrora, foi escrito para nosso ensino foi escrito para que, pela paciência e pela consolação das Escrituras, tenhamos esperança" (Rm 15.4). Poucas sentenças depois, Paulo pede ao próprio Deus para nos mudar, para nos dar as mesmas coisas que sua Palavra exige de nós e os princípios que comunica: "E o Deus da esperança vos encha de todo o gozo e paz no vosso crer, para que sejais ricos de esperança no poder do Espírito Santo" (Rm 15.13). Na Escritura, Deus vem em pessoa. Nós participamos ao ouvir e responder.[2]

Terceiro, *pessoas sábias mudam você*. "Quem anda com os sábios será sábio, mas o companheiro dos insensatos se tornará mau" (Pv 13.20). O crescimento piedoso é mais frequentemente mediado pelos dons e graças de irmãos e irmãs

2 Os sacramentos, de modo semelhante, expressam a interação dinâmica entre o próprio Deus e as palavras e os elementos (pão, vinho e água) que são detentores de sua promessa, presença e força. Nós participamos ao receber e responder.

em Cristo. No nível coletivo mais básico, você não pode apelar para Deus a menos que creia nele; você não pode crer nele a menos que o ouça; você não pode ouvi-lo a menos que alguém o proclame (Rm 10.14). Culto, pregação, ensino, oração e sacramentos bons têm efeitos radiantes, frutíferos. De modo semelhante, a honestidade e a benevolência, a humildade e a clareza, o bom senso e as convicções dos outros têm efeitos radiantes e frutíferos (Tg 3.17-18). Bons exemplos fazem uma diferença enorme (2Tm 3.10–11). É uma grande misericórdia conhecer pessoas que lidam gentilmente com sua ignorância e imprevisibilidade, porque elas conhecem suas próprias fraquezas e pecaminosidade, e conhecem também as misericórdias de Cristo (Hb 5.2–3). Faz uma grande diferença quando outras pessoas são capazes de confortá-lo em suas aflições, porque Deus está trazendo conforto às aflições delas (2Co 1.4).[3]

Em quarto lugar, *sofrimento, lutas e problemas mudam você*. "Embora sendo Filho, aprendeu a obediência pelas coisas que sofreu" (Hb 5.8). Deus trabalha em nós em meio aos problemas porque os problemas chamam a nossa atenção. As dificuldades nos fazem carecer dele. A fé precisa fincar raízes, enquanto a confissão se aprofunda na realidade. Martinho Lutero chamou *tentatio* – aflição, provação, dificuldade e luta – a "avaliação" da experiência cristã. Ele disse que as tribulações eram seu maior professor porque faziam a Escritura e a oração se tornarem vivas. As dificuldades que experimentamos

3 Também é verdade que os não cristãos podem nos afetar profundamente para o bem, por causa da graça comum de Deus. Eu aprendi muitas coisas com não cristãos acerca de hospitalidade, trabalho duro, beleza, paciência, linguagem, coragem e integridade acadêmica.

necessitam de graça por despertarem um senso verdadeiro de fraqueza e necessidade. É aí que o Espírito está trabalhando. As pessoas mudam porque algo é difícil, não porque tudo vai bem; algo – inclusive eu mesmo – está desativado. O ministério transita pelos problemas porque Cristo entra nos problemas, passa por eles, não os teme, fala aos problemas e reage a eles. As lutas nos forçam a necessitar de Deus. E nós aprendemos a amar do modo como Cristo ama somente ao ter experiências de coisas difíceis que ele teve ao nos amar.[4]

A obscuridade da condição humana se caracteriza por dois males imensos que geram confusão em toda a nossa vida: uma mistura complexa de males morais surge de dentro de nós; uma mistura complexa de males situacionais nos assola. A Bíblia usa a palavra *mal* para descrever tanto o pecado como o sofrimento, assim como acontece em português. Algo *dentro* de nós está errado. As pessoas creem, pensam, sentem, querem e fazem coisas ruins. É claro que as atrocidades óbvias são males morais. Mas a falsidade, o autoengano e a impiedade da vida "normal" e a deformidade dos desejos "normais" igualmente contam como mal moral segundo a avaliação de Deus. Nós estamos "desativados" em relação a Deus e a outras pessoas. E as coisas *fora* de nós estão erradas. Coisas ruins acontecem a nós. Outras pessoas nos traem. Enfrentamos perdas, enfermidades e morte. Nadamos nas falsidades de nosso universo sociocultural. Alguém Mentiroso e Assassino está lá fora para nos enganar e matar. Em suma, defrontamo-nos com problemas (externamente); somos problemáticos (interpes-

4 É um tema menos desenvolvido na Escritura, mas bênçãos e circunstâncias felizes também podem nos mudar para melhor – quando aprendermos a ver a mão de Deus nelas e a ser gratos.

soalmente); e somos atribulados (psicologicamente), lutando com o que enfrentamos e com quem somos.

Em quinto lugar, *você muda.* "Ao deixar os ídolos, vos convertestes a Deus, para servirdes o Deus vivo e verdadeiro" (1Ts 1.9). Voltamo-nos – das trevas para a luz, dos falsos deuses para o único Deus verdadeiro, da morte para a vida, da incredulidade para a fé. Você pede ajuda porque necessita dela. Você se arrepende. Você crê, confia, procura, busca refúgio. Você é honesto. Você se lembra, ouve, obedece, teme, tem esperança, ama, agradece, chora, confessa, louva, se deleita, anda. Observe todos esses verbos ativos; eles falam de ação abnegada, da pessoa como um todo. Essas são as características frutíferas de uma vida próspera. Ninguém faz isso por você. Você não é passivo. Você não é uma marionete nem um robô. Você é cem por cento responsável, mas também depende cem por cento de ajuda externa. Qualquer outra forma de comunicar isso o torna independente demais ou passivo demais. Observe também que nenhum desses verbos ativos transmite a ideia de fazer algo de uma vez por todas. Eles comunicam um modo de vida.

MANTENDO OS CINCO FATORES JUNTOS

Cada fator contribui para a maneira como mudamos. Eles estão presentes em graus distintos à medida que nossas vidas são reescritas. A maior parte da sabedoria consiste em compreender o *relacionamento entre* verdades complementares. Sabedoria envolve ter um sentimento pelo modo como cada um desses fatores entra em ação em relação aos outros.

Existe uma ordem teológica rudimentar na forma como apresentei esses fatores, captada, em certo grau, pela metáfora visual de uma casa (Figura 1). Eles começam com o próprio Deus como fundamental e, depois, com sua Palavra abrangente. Então, vem a influência de outras pessoas. Esses três fatores são as agências mais óbvias de graça. Em seguida, eu nos situei dentro do estresse das dificuldades e dos fracassos que atraem nossa atenção. Finalmente, você é aquele que vive na casa, a pessoa que muda de direção. A graça vem à fruição em uma mudança de mente – em se voltar, esperar, refugiar-se, confiar, amar e obedecer. Mas essa ordem lógica nem sempre é a maneira como a vida acontece.

No ministério com os outros (bem como em nossas próprias vidas), encontramos a imprevisibilidade da experiência humana. Qualquer uma dessas dimensões pode tornar-se central em nossa perspectiva. Com frequência, certa medida de sofrimento ou fracasso pessoal capta a atenção da pessoa inicialmente. Algo perturba você. Talvez você experimente perda, traição, desapontamento, futilidade – "qualquer aflição" (2Co 1.4) ou "várias provações" (Tg 1.2). Talvez você lute contra a culpa de um pecado do passado ou um padrão atual de pecado – temperamento forte, imoralidade, mentira, murmuração, desordem alimentar, aborto, egoísmo, glutonaria, preocupação, obstinação ou qualquer um de mil outros defeitos.

Outras pessoas sempre são importantes. Com frequência, um amigo – talvez até mesmo um estranho – mostra-se significativamente solidário e admiravelmente sábio. Muitas vezes alguma comunidade da igreja transmite pela Palavra e adoração, em ações e atitudes, algo atraente e correto. Quanto mais você cresce, melhor compreende como outras pessoas e a igreja congregada são importantes.

De uma forma ou de outra, uma passagem bíblica – algo verdadeiro – cativa sua atenção como algo inevitavelmente relevante. Quanto mais você cresce, mais a Escritura aparece no início do processo. Você vem a se orientar pela Escritura. Ao aprender a ouvir, você aprende a identificar pecado e sofrimento com mais precisão. Você aprende os tipos de pessoas com quem pode contar. Você aprende de Jesus. Ao trazer a Escritura ao seu coração, você se torna como uma árvore plantada junto às correntes de água, dando fruto na estação apropriada.

E, por definição, uma pessoa que muda toma atitudes. Você faz algo. Você crê em algo. Você pede ajuda – de um amigo, de Deus ou de ambos. Você faz escolhas diferentes. Você muda de ideia, de atitudes, de sentimentos, de alvo na vida, na maneira de tratar os outros, em seus hábitos.

E, cedo ou tarde, descobre que o próprio Deus tem trabalhado o tempo todo – dentro das dificuldades, em meio aos pecados, por meio das amizades, através de sua Palavra, em você. Quanto mais distante você caminha nessa estrada, mais entende que Deus é o ator decisivo e o fator fundamental no drama.

É assim que a santificação acontece. Sua vida cristã inteira é uma série de variações e permutações desse processo de cinco dimensões. É assim que você cresce. É assim que vive. É assim que ministra a outras pessoas, amando-as em suas necessidades. É assim que você chega ao céu, vendo Jesus face a face e descobrindo que você foi mudado à semelhança dele.

7

MINHA HISTÓRIA (1)

Começamos este livro considerando as últimas linhas do evangelho de João e todos os outros livros que poderiam ser escritos sobre o que Jesus tem feito. Consolidamos nosso raciocínio identificando os fatores que entram em cena à medida que mudamos. Agora, neste capítulo e no seguinte, vamos olhar algumas daquelas outras histórias.

De todos os livros que poderiam contar o que Jesus faz, o livro que conheço melhor é o que estou vivendo. O que posso dizer de minha experiência é necessária e intencionalmente idiossincrático – porém, há temas comuns que, sem dúvida, soarão familiares aos leitores. Acredito que você achará tanto a idiossincrasia como a uniformidade bastante úteis. Entender que a sua vida, como a minha, não se desenrola segundo um padrão é algo libertador. Você e eu não somos clones de qualquer outra pessoa. Toda particularidade de sua história será diferente da minha – porém, no nível temático, existem continuidades profundas entre nós. Os tipos de coisas com que luto são análogas aos tipos de coisas com que você luta. As formas como Jesus me encontra são análogas às formas como encontra você. Análogas mas não idênticas. Parece que Deus ama a variedade. Você e eu não somos reduzidos a uma categoria. Nosso Pai está criando filhos, e todo filho que eu já conheci é singular. Você não pode viver a história de outra pessoa.

Neste capítulo e no próximo, conto histórias que têm sido pontos de contato em minha própria experiência cristã. Em cada uma delas, você poderá observar como todos os cinco fatores estão presentes e operantes para trazer mudança para melhor. Cada história tem uma qualidade de alguma forma diferente. Variáveis situacionais distintas entram em ação. Diferentes questões pessoais estão em jogo. Deus intervém de modos variados. Verdades distintas revelam-se marcantes. Pessoas diversas ajudam de várias maneiras.

31 DE AGOSTO DE 1975

Converti-me à fé cristã quando tinha 25 anos. E minha conversão foi dramática. Durante o ensino médio, passei a me preocupar com questões existenciais: O que é duradouro? O que é importante? O que é significativo? Quem sou eu? Quatro linhas de desenvolvimento deram força e forma às perguntas e às respostas.

Em primeiro lugar, durante a adolescência, afastei-me por completo da versão nominal e geral de membro de igreja, na qual eu fora criado. Eu nunca ouvira que Jesus Cristo fosse algo além de um exemplo moral de homem que praticou muito o bem. O cristianismo, da maneira como eu vivenciara, parecia uma fachada bem-comportada para as pessoas que não desejavam enfrentar a dura realidade.

Em segundo lugar, durante aqueles mesmos anos, fui imediatamente confrontado com a morte e a perversidade: intimidação (a mim e a outros), o assassinato de um colega de classe, amigos suicidas, exposição à pornografia, pessoas se matando com drogas. Eu era passageiro em um carro que matou um homem que trabalhava em uma estrada rural escura. Ainda posso ver a face dele – ele se virou em direção aos nossos faróis nos últimos segundos, e eu olhei bem dentro dos olhos dele enquanto o atropelávamos.

E também me sentei à cabeceira de meu avô depois que ele teve um AVC grave. Ele se lembrava continuamente de suas realizações, relacionamentos, aspirações e viagens. Ele procurava algo que retivesse significado, algo no qual pudesse agarrar-se, algo que ele pudesse dizer a mim que era importante na vida. Mas tudo que ele mencionava parecia esfarelar-se diante de seus olhos enquanto falava. No final, tudo que ele pôde dizer foi que a vida é mais do que dinheiro, e tudo que ele podia fazer era desabar e chorar. Depois de me despedir, sentei-me nos degraus do lado de fora do hospital e também chorei.

E depois vieram as desilusões normais nos anos durante e após a faculdade. Nem a academia, nem os esportes, nem a carreira podiam suportar o peso da identidade e do significado. Relacionamentos íntimos fracassavam. Uma incursão nas drogas quase me enlouqueceu. A consciência de meu próprio egoísmo nascia vagarosamente. Somos sempre os últimos a conhecer a pessoa que vemos no espelho.

Em terceiro lugar, matriculei-me em Harvard, no curso de Matemática e Ciências, mas logo migrei para Psicologia e Ciências Sociais, e depois para Literatura e Artes. As Ciências Exatas tocam a periferia das grandes perguntas. As Ciências Sociais, por sua vez, aprofundam-se nas questões humanas, mas, embora descrevam algo que acontece, nunca podem dizer o que tudo significa. As Artes e as Ciências Humanas olham mais profundamente para as questões que realmente importam: vida e morte, amor e ódio, verdade e falsidade, desejo e perda, bem e mal. Ao ler Dostoievski e T. S Eliot, a consciência de que o cristianismo lidava diretamente com essas coisas surgiu vagarosamente.

Em quarto lugar, um amigo da faculdade, Bob Kramer, tornou-se cristão quando tínhamos 20 anos. Ele tinha os mesmos tipos de questionamento que eu. Pelos cinco anos seguintes, discutimos, discordamos e debatemos sempre que nos encontrávamos. Eu era teimoso. Eu conseguia seguir a lógica plausível da fé cristã. Mas toda sequência de pensamento chegava ao mesmo beco sem saída. Eu não queria que alguém me resgatasse. Eu não queria que alguém me dissesse o que fazer. Eu queria viver por mim mesmo e nos meus próprios termos. Mas Deus tinha outras ideias sobre como eu deveria viver.

COMO DEUS TRABALHOU?

Ele foi misericordioso. Uma noite, Bob falou com uma candura inesperada: "Eu te respeito tanto quanto qualquer outra pessoa que eu conheça... mas aquilo em que você crê... e o modo como está vivendo... você está se destruindo". Eu sabia que ele estava certo. O Espírito Santo usou suas palavras como um projétil perfurante. Então, fui convencido, de uma forma abrangente e específica, de minha pecaminosidade, impureza, incredulidade e inadmissibilidade diante de Cristo. Foi um momento em que toda a minha vida passou diante de meus olhos. Senti o peso de meus pecados. E os dois que me atingiram mais profundamente não estavam na lista popular de transgressões hediondas. Como um homem que seguia uma linha existencialista, eu havia crido, até então, que o desespero, e não a alegria, sempre tinha a última palavra. E, como alguém que queria dirigir a própria vida, eu não havia crido no amor de Deus em Jesus Cristo, rejeitando-o de uma forma implacável. Eu entendi meu erro nesses dois pontos. Quando consegui reagir (um minuto depois? dez minutos?), perguntei: "Como eu me torno um cristão?". Bob, então, compartilhou uma promessa do Deus de esperança:

Então, aspergirei água pura sobre vós, e ficareis purificados; de todas as vossas imundícies e de todos os vossos ídolos vos purificarei. Dar-vos-ei coração novo e porei dentro de vós espírito novo; tirarei de vós o coração de pedra e vos darei coração de carne. Porei dentro de vós o meu Espírito e farei com que andeis segundo os meus estatutos, guardeis os meus juízos e os observeis (Ez 36.25–27)

Bob convidou-me a pedir misericórdia a Deus. E eu supliquei misericórdia a Deus. Deus foi misericordioso. Promessas de eras remotas provaram-se verdadeiras – Deus salva voluntariamente, perdoa pecados, cria uma nova vida, dá seu próprio Espírito e promete grande ajuda para obedecermos a ele. Ele fez tudo isso. Ele me encontrou e me levou para o lar. E eu fui surpreendido pela alegria e pelo amor de Jesus.

Poucos dias depois, quando comecei a ler Romanos, as palavras saltaram da página. Eu sou uma daquelas pessoas que Romanos 10.20 assim descreve: o Senhor se mostrou a um homem que não estava perguntando por ele. Embora eu não pudesse seguir cada passo da lógica de Paulo (um fenômeno persistente!), a essência fez plenamente sentido:

- A pecaminosidade é universal e mortífera – e me descreve perfeitamente.
- Jesus Cristo suportou nossos pecados e nossa morte no próprio corpo. Ele morreu por mim.

- Todo bem duradouro depende da iniciativa decisiva de Deus em demonstrar misericórdia. Ele decidiu me resgatar.
- Deus perdoa livremente e justifica seus inimigos por intermédio da fé no Messias. Por natureza, educação, escolha e hábito, eu sou o tipo de pessoa que Romanos 5 assim descreve: fraco, ímpio, pecaminoso, inimigo dele. Por misericórdia, eu sou o tipo de pessoa que Deus reconcilia consigo mesmo e inunda com bondade.
- O Espírito Santo derrama o amor de Deus em nossos corações. Ele me capacita a dizer: "Pai". Ele cuida das questões de fé, esperança, amor, humildade, alegria e paz.

Nisso, eu creio. Aqui eu me firmo. Que seja assim! "Porque dele, e por meio dele, e para ele são todas as coisas. A ele, pois, a glória eternamente. Amém!" (Rm 11.36)

COMO CONSEGUI SER TRANSFORMADO?

Fui transformado porque Deus interveio pessoalmente. Fui transformado porque as palavras da Escritura me convidaram para Cristo. Fui transformado porque um amigo foi fiel e honesto. Fui transformado por causa do fracasso, da culpa, do sofrimento e da desilusão. Fui transformado porque me voltei do pecado para Cristo.

Anteriormente, mencionei que *revisitar* conscientemente a justificação e a adoção, a soberania de Deus e a identidade em Cristo desempenhava um papel relativamente menor em minha vida cristã. Sem dúvida, é significativo o fato de que eu tenha sido convertido de uma forma dramática em minha juventude, sendo um adulto ímpio e anticristão. Eu vivera em uma oposição tão obstinada à fé cristã que Cristo arranjou essa conversão da estrada de Damasco. Um dos efeitos disso é que o amor misericordioso de Deus tem sido o pressuposto básico de atuação desde o início de minha vida cristã. Por razões intrínsecas à minha história particular, nunca duvidei de que sou salvo fora de mim mesmo. Eu simplesmente soube que Deus escolhe livremente nos chamar do reino da morte para o reino da vida.

Tem sido evidente que o Espírito é o doador de vida, e nós somos renascidos a partir do alto. Nunca duvidei de que Deus nos perdoa e justifica pela obediência ativa a Jesus em amor abnegado, por sua obediência passiva ao sofrer a morte em nosso lugar, por sua vindicação na ressurreição para a vida indestrutível. É ponto pacífico que o Pai toma antigos inimigos e adota como filhos amados no Filho Amado. Tem sido uma hipótese de trabalho que o Espírito opera em nós a cada passo do caminho até Deus completar o que ele começou. Evidentemente, Deus é soberano. Eu nem queria ser cristão, e ele prevaleceu. Evidentemente, nossa identidade não é autogerada ou autorreferencial, porque eu descobri quem realmente sou quando me encontrei em um relacionamento com Cristo. É claro que meu conhecimento dessas coisas tem sido grandemente aprofundado, enriquecido e tornado lúcido com o passar dos anos, em meu próprio benefício, de um modo incalculável. Eu não poderia ter escrito este parágrafo 35 anos atrás. Meu entendimento e minha gratidão têm crescido. Mas a realidade salvadora fundamental tem operado mais como dados tácitos do que como aquisições explícitas.

Por que foi assim? Nem sempre é assim com todas as pessoas. Mas, no meu caso, fui agarrado pelas verdades fundamentais da pessoa e da graça de Deus no momento de minha conversão. Foi um momento dramático de decisão, como o que às vezes acontece com um viciado em drogas, um alcoólatra ou algum outro "pecador mais endurecido". Minha dureza foi dureza de coração em incredulidade intensa. E Deus foi misericordioso comigo, o pecador.

NEM TODOS SÃO COMO EU

Conheço muitos cristãos para quem o processo de aprender e reaprender estas verdades fundamentais – você é justificado, perdoado e aceito pela fé; sua identidade está em Cristo; Deus é soberano sobre todos os eventos; seja fiel nos meios de graça – tem tido e continua a ter importância crucial e reorganizadora na vida. Minha esposa, Nan, tem sido grandemente abençoada por cada um desses temas.

A história de vida de todo cristão toca uma música diferente em algum aspecto – variações em letra, melodia, harmonia, nota, tempo e instrumentação. Eu amo o fato de o *Messias*, de Handel, e "Louvado seja teu nome", de Matt e Beth Redman, estarem ambos no repertório da fé cristã. A redenção em Cristo é encenada em toda história. É assim que deve ser. O ministério pastoral – pregação e aconselhamento – deve desfrutar da variedade. Nós servimos ao Rei que não faz dois flocos de neve iguais, e seus pensamentos em relação a cada indivíduo são mais numerosos do que os flocos de neve em uma nevasca. Seria bem estranho se ele dissesse exatamente a mesma coisa para mudar cada um de nós. Entraria em contradição com quem ele é e com quem nós somos.

Dada a maneira como Deus escolheu trabalhar em minha vida, talvez não seja surpresa que eu não tenha tido problemas em tentar provar meus esforços, diligência e realizações a ele. Nunca tive a característica de ser orientado por objetivos ou realizações – nem antes nem depois de me tornar cristão. Assim, por exemplo, nunca me senti obrigado a reservar um tempo diário para a leitura da Escritura e a oração. Nunca me senti mais próximo de Deus simplesmente por cumprir aquela tarefa nem me senti culpado por não cumpri-la. Procuro Deus diariamente porque necessito dele. Quando não me encontro com Deus pessoal, atenciosa e humildemente, sofro as consequências. É algo semelhante a me esquecer de comer. Sofro porque estou faminto, e não porque me sinto culpado. "Estou faminto e preciso comer" é *diferente* de "Eu realmente deveria ter comido, e errei novamente". O drama, o esforço e a luta conscientes de minha santificação não se tornaram um direcionamento às realizações, nem no sentido de imaginar como Deus permite certos sofrimentos ou aspirar a encontrar minha identidade em algum papel ou realização.

Minha curva de aprendizagem mais longa tem sido em outras áreas. E esse é o assunto do próximo capítulo.

8

MINHA HISTÓRIA (2)

Os desafios em minha santificação estão em áreas em que a mudança tem sido dolorosa e repetitiva, em vez de ocorrerem em momentos dramáticos de decisão. A formação de hábitos de fé e amor tem vindo somente por meio de períodos muito longos. Aqui estão dois momentos de provação de minha longa e vagarosa santificação.

Em primeiro lugar, identifico-me com a indiferença, a indolência e o egocentrismo da atual geração do "seja lá o que for", tendo sido bem-nutrido na prática desses pecados endêmicos dos anos 1960. Tenho precisado aprender a valorizar o cuidado com os outros e a trabalhar para atingir os objetivos. Nunca precisei de livramento das lutas obsessivas por relacionamentos e realizações. Em vez disso, o Espírito Santo se determinou a me ensinar a valorizar o cuidado com as pessoas e em fazer as coisas. Assim, quando me avalio diante daqueles fracassos cotidianos que alguns chamam de "os sete pecados capitais", o que sempre se posiciona em primeiro lugar é a *apatia* – o "não se importar" da preguiça.

Em segundo lugar, identifico-me com o desencorajamento e a ansiedade de pessoas que sofrem, que experimentam a fragilidade da vida, as perdas, os fracassos e as ameaças. Essa é a exata parte de se ter uma tendência existencialista. Desde a minha adolescência, a ansiedade e a *angústia* pairam sobre mim e, na faculdade, tive vários ataques de pânico. Como mencionado no capítulo anterior, vários encontros imediatos com a morte e pessoas morrendo quando eu era jovem tiveram profunda influência em minha conversão definitiva à fé cristã. E, a partir da meia-idade, a fraqueza física tem exercido pressão sobre mim. Deus tem usado problemas de saúde agudos e crônicos para me ensinar 2 Coríntios 1.2–11: podemos ajudar os outros porque estamos sendo ajudados. Eu tenho aprendido a confiar em Deus quando estou fraco. O ingresso verdadeiro e compassivo de Cristo em nossa experiência de fragilidade – outro aspecto de seu sofrimento e morte operando simultaneamente com a obra de expiação (Hb 4.14–5.10) – tem desempenhado papel relevante em minha santificação. Não é surpresa que a história de Paulo em 2 Coríntios 12 e vários salmos têm contribuído repetidamente para meu crescimento em graça.

DO FINAL DOS ANOS 70 AO MEIO DA DÉCADA DE 80

A história que se segue está inserida em um período de cinco ou seis anos de vida, e não em um momento singular de iluminação. Enfrentei minha própria versão da luta humana comum contra a ansiedade. Até meus trinta e poucos anos, as responsabilidades se multiplicaram rapidamente. Eu me casara com Nan e terminara o seminário, encontrando-me nos primeiros anos de ministério vocacional. Aconselhar era difícil. Ensinar era difícil. Escrever era difícil. Eu estava trabalhando em um PhD na Universidade da Pennsylvania. O doutorado era difícil. Eu estava trabalhando como presbítero em plena atividade em uma igreja com muitas necessidades pastorais. Ser presbítero era difícil. Costumávamos dar as boas-vindas à chegada de nossos filhos e vivíamos em comunidade com outras famílias jovens com quem compartilhávamos a propriedade da casa. Não preciso dizer mais nada a respeito de como era a vida! Esse acúmulo de pressões externas se correlacionava com o estresse interno.

COMO DEUS TRABALHOU?

Deus falou à minha experiência de preocupação e ansiedade, e agiu nela. Ele lidou comigo de um modo direto, repetido e paciente por muitos dias, meses e anos. Um conjunto de verdades complementares vagarosamente se enraizou, desabrochou e deu frutos.

"*Lançando sobre ele toda a vossa ansiedade, porque ele tem cuidado de vós*" (1Pe 5.7). Pessoas estressadas precisam de coisas simples. "Você é importante para ele" é algo simples. Mas levou tempo até eu entender isso. "Livre-se do que perturba você" é uma mensagem simples. Mas levou tempo para eu aprender a fazer isso. Lembro-me muito bem de um momento em que meu pastor reconheceu minha irritação em uma época na qual eu vinha enfrentando muitas pressões. Ele disse: "Graça significa coragem". E orou por mim. Ele lançou meus cuidados sobre aquele que cuida, e eu nunca me esqueci de suas palavras.

"*Multiplicando-se dentro de mim os meus cuidados, / as tuas consolações reanimaram a minha alma*" (Sl 94.19, ARC). A primeira cláusula atinge em cheio o sentimento de estresse, preocupação e ansiedade. A segunda me convida a olhar em uma direção diferente. O restante do Salmo 94 promete consolação de uma forma enfática. Se o Senhor tornará corretas as piores coisas, quanto mais fará com meus pequenos problemas e pressões. Isso não era reestruturação cognitiva por mudar meu próprio discurso. Em vez disso, significava buscar e encontrar a pessoa que procura ativamente meu bem-estar.

"Perto está o Senhor. Não andeis ansiosos de coisa alguma; em tudo, porém, sejam conhecidas, diante de Deus, as vossas petições, pela oração e pela súplica, com ações de graças" (Fp 4.5–6). É uma grande ajuda nos lembrarmos de que aquele que cuida e faz diferença está próximo. Dê nome aos seus problemas. Peça ajuda. Expresse sua gratidão. Orar significa pedir. Suplicar significa realmente pedir – e querer dizer o que você diz. É uma grande ajuda ser específico. É uma grande ajuda falar de forma audível. Eu aprendi a levar tudo isso a sério trinta anos atrás. E agora mesmo sou ajudado a levar isso a sério no presente.

"Portanto, não vos inquieteis com o dia de amanhã, pois o amanhã trará os seus cuidados; basta ao dia o seu próprio mal" (Mt 6.34). Seu Pai sabe e dará aquilo de que você precisa, então coloque as primeiras coisas em primeiro lugar. Foque-se nas preocupações e no chamado de hoje. Em uma época especialmente preocupante, um amigo me ajudou a reformular esse texto: "Suficientes para esses cinco minutos são os problemas e as preocupações desses cinco minutos!". O próprio Deus veio ao meu encontro por meio de muitas percepções, mensagens e mensageiros complementares.

Aquela fase da vida foi a época de mudança mais consciente e intencional de que tenho conhecimento. Aprendi a identificar gatilhos situacionais específicos de minha ansiedade. Aprendi como a ansiedade pressupõe uma grande distância entre Deus e minhas preocupações atuais. Aprendi como a ansiedade coloca distância entre mim e outros – o que representa o oposto de amar as pessoas. Aprendi a identificar motivos distorcidos: confiança própria, preocupação excessiva com a opinião dos outros, desejo de controlar os resultados, amor à comodidade – tudo isso elimina Deus e faz desse o *meu* universo, não o dele. Aprendi a conhecer, necessitar e confiar nas atitudes definidoras de Deus e no modo consistente de amar seus filhos. Aprendi uma sabedoria frutificante que pondera cuidadosamente na Escritura e na vida – uma sabedoria que ora honestamente, confia nos amigos e toma pequenas atitudes construtivas.

Aqueles também foram anos em que eu estava aprendendo a aconselhar outras pessoas. Existe uma razão pela qual "Não temas" (em todas as suas variáveis) é o mandamento mais comum em toda a Escritura. Os filhos de Deus se esforçam para viver bem em um mundo debilitado, instável. Em parte, isso acontece porque nós mesmos deslizamos para a debilidade e a instabilidade de viver ansiosamente. Ele vai ao seu encontro, estabilizando-o, anda com você e o deixa bem com a sua alma. Você se torna capaz de ajudar os outros com a ajuda que está recebendo para si mesmo.

COMO EU MUDEI?

Fui mudado porque Deus interveio pessoal, repetitiva e pacientemente. Fui mudado porque as palavras da Escritura de cuidado e consolação me convidaram ao meu Pai. Fui mudado porque muitos amigos foram fiéis e sábios ao falarem à minha vida. Fui mudado por ter lutado contra as pressões da vida e os sentimentos desconfortáveis. Mudei porque me afastei de viver como se eu andasse sozinho em um universo difícil e me voltei para o Senhor, que está sempre perto.

9

A HISTÓRIA DE CHARLES

No curso de ensino e aconselhamento, tenho pedido a muitas pessoas que falem ou escrevam *como* Deus as atraiu para procurá-lo e conhecê-lo, *como* ele as mudou. Tenho pedido a eles para descrever, tanto quanto possível, os fatores significativos e decisivos. "Ao olhar para trás, para seu crescimento como cristão, quem e o que mais influenciou você?" Invariavelmente, as pessoas contam histórias.

As histórias exibem as características que temos explorado. A maioria das histórias começa com o relato de uma situação desafiadora, relativa a problemas e desorientação. A pessoa enfrenta um conflito pessoal com pecado, emoções perturbadoras e confusão. E algo de Deus e a respeito dele prova-se iluminador e reorientador: quem ele é, quais são seus propósitos, suas promessas, seus mandamentos. Em geral, outras pessoas aparecem em algum lugar na história. O amor fidedigno ou o caráter marcante de outra pessoa incorporam a fé, fornecem um vislumbre de Cristo e auxiliam a mediar a verdade. Todos esses elementos vêm juntos e, então, algo clica. O mundo parece diferente. A pessoa adquire uma nova compreensão de Deus, de si mesma e de toda a situação. Ocorrem, então, uma mudança de coração, uma volta para Deus em fé vívida e novas ações de sabedoria e obediência. E as pessoas comunicam explícita ou implicitamente a consciência de que o próprio Deus colocou a mão no desfecho de tudo isso. As pessoas não contam histórias do tipo "Eu fiz isso", mas do tipo "Ele fez algo".

Somos privilegiados em ouvir trechos daqueles livros não escritos que comportam o testemunho do que Jesus faz. Este capítulo e o próximo apresentam e discutem duas histórias de mudança. Essas histórias são bem típicas, no sentido de conter características que se repetem em toda história de redenção. Todavia, também são idiossincráticas, no sentido de demonstrar a individualidade e a cor local de qualquer boa história.[1]

VENCENDO A TRAIÇÃO

Charles é um rapaz solteiro com pouco mais de trinta anos, um leigo bem-educado, ativo em sua igreja americano-asiática, programador de computadores por profissão. Ele escreve:

> Recentemente, tenho voltado com relativa frequência para o Salmo 119.86: "São verdadeiros todos os teus mandamentos; sou perseguido injustamente; ajuda-me". Imediatamente esse versículo me diz que há algo *completamente* e *sempre* confiável. Especialmente nas experiências recentes de ter sido alvo do pecado de outras pessoas por quebra de confiança, fofoca e traição... Agarro-me à

1 Cada uma se baseia principalmente na história escrita de uma pessoa, modificada levemente de três formas. Em primeiro lugar, identificando os detalhes que foram alterados. Em segundo, complementando a discussão com conhecimento adicional obtido em conversas pastorais. Em terceiro lugar, com a introdução de alguns detalhes de outras pessoas cuja experiência seja análoga, criando, assim, um caso composto.

verdade de que Deus sempre é confiável e o que ele diz a mim é confiável. Ele me ajuda a confiar de novo. Quando digo: "Ajuda-me!", *sei* que estou conversando com meu Pai, mesmo quando me vejo no processo de enfrentar a quebra de confiança nas pessoas que me machucaram, que nem pensam que existe um problema, que nem pensam em tentar resolvê-lo. É como se eu estivesse lidando com uma máscara. Todos parecem evitar o que aconteceu. Quando tento trazer o problema à tona, *eu* sou visto como o problema porque quero dar nome ao que ocorreu e resolver, e não apenas fingir.

É muito difícil perdoar nessa situação. É fácil resmungar interiormente, ser flagrado em minhas emoções sombrias, cáusticas, assistir ao replay do que aconteceu, ficar amargurado e paranoico em volta do meu grupo de amigos. Algumas vezes, apenas guardo tudo para mim e navego na web, nos sites de carros esportivos e de aventuras de ecoturismo. Nutro uma nova simpatia pela razão pela qual alguém possa apenas deixar a igreja e se tornar um alcoólatra. Mas Jesus me chama para perdoar a partir do coração. Marcos 11.25 é aberto e, em seguida, fechado: um dos mandamentos fiéis de Deus. Eu sei que é para lá que devo ir, se for para eu sair dessa como uma pessoa produtiva, e não destrutiva ou autodestrutiva. E estou chegando lá. Deus é fiel. *Deus... é... fiel.* Jesus me perdoa verdadeiramente quando passo por dificuldades. Ao confessar minha amargura e murmuração, ele realmente me ajuda. Eu preciso que ele esclareça minha mente para que eu defina o que preciso fazer em seguida e, assim, eu possa fazer da maneira certa, e não apenas emaranhe mais as coisas.

PENSANDO A RESPEITO DA HISTÓRIA DE CHARLES

Ouvir uma história assim é como pegar o relance de um pintassilgo assentado em sua asa enquanto ele voa. Somos privilegiados em entrar na vida de um homem enquanto ela acontece. O que estamos vendo e ouvindo?

A passagem que Charles cita explicitamente aponta para uma situação de vida comum: maus-tratos verbais por outra pessoa. Observe, não existe necessariamente um ajuste perfeito, um a um, entre essa Escritura e a vida de Charles, mas é algo próximo o suficiente para ser relevante.[2] Uma conversa subsequente com Charles revelou o que havia acontecido. Um amigo de longa data e confidente fidedigno havia traído sua confiança. O amigo havia revelado uma confidência delicada, depreciando Charles aos olhos do círculo de amigos deles. No salmo, as mentiras que perseguem são identificadas como inimigos tanto de Deus como do salmista, pessoas que nunca deveriam merecer confiança, que ameaçam outros de morte e destruição literal. Na situação de Charles, o sentimento de ameaça – "morte e destruição" – era metafórico, um distanciamento devastador nas relações sociais.

A dor e a perplexidade foram agravadas porque antes havia confiança verdadeira, e essa confiança foi traída. A ofensa veio não de um inimigo, mas de um irmão em Cristo que o tratou como se fosse inimigo, e depois tentou atenuar, agindo como se nada houvesse acontecido. A "mentira" em particular era uma declaração factual, mas uma declaração verdadeira usada

2 Relevância "semelhante o suficiente" é relevância "analógica". Isso envolve complexidade hermenêutica e ética, em que é muito mais fácil ilustrar do que afirmar. Veja cap. 7 em John M. Frame, *The Doctrine of the Knowledge of God* (Phillipsburg, NJ: P & R, 1987), 215–241, para uma cuidadosa discussão.

de forma maliciosa torna-se falsidade. A referência situacional contida no Salmo 119.86 é adequada e relevante, mas Charles, intuitivamente, fizera algo bem complexo ao conectá-la ao que aconteceu a ele.

A luta interna provocada por ter sido alvo do pecado de outro está apenas implícita nas palavras do Salmo 119.86. Mas um senso de angústia pessoal, de aflição, de tentação de reativar o pecado e de necessidade de ajuda é bem óbvio, tanto na experiência humana universal como no clamor por auxílio, ilustrado em todo o Salmo 119 e no restante da Escritura. Charles interpreta sua infelicidade e suas reações problemáticas legitimamente na seguinte passagem: "Eles me perseguem injustamente [*e eu me sinto ameaçado, oprimido, ferido, frustrado em todos os meus esforços, infeliz, e sou tentado a ficar irado, temeroso, esquivo e desconfiado*]". Nós testemunhamos sua versão da luta universal com o mal duplo: males vêm sobre nós e males vêm de dentro de nós. Maus-tratos ocasionam muitas tentações, e a história de Charles expressa, de forma autêntica, sua experiência de provação e tentação. Nós testemunhamos – e sentimos – sua necessidade de auxílio. Sua escolha de passagem da Escritura contém, tranquilamente, muitas variações sobre o tema humano, inclusive o seu próprio.

E há também a revelação de Deus. O Senhor nunca conta tudo em um momento único de revelação própria. Vários aspectos da pessoa de Deus, seus propósitos, caráter, vontade, promessas e ações aparecem em várias porções da Escritura: sempre oportunos à complexidade de uma situação particular, sempre diretamente apropriados às perplexidades das escolhas existenciais para uma pessoa em particular ou para várias pessoas.

Aqui no Salmo 119.86, ouvimos uma verdade e ouvimos outra por acaso: as palavras diretivas de Deus são verdadeiras e fiéis, e ele é um ajudador a quem os necessitados podem clamar. Na história de Charles – mais uma vez, uma aplicação típica da Escritura, gerando um encontro com Deus e uma transformação ética –, ouvimos não somente a revelação óbvia nesse verso em si, mas também numerosos ecos, confluências e alusões que surgem da história bíblica como um todo. Esse contexto mais amplo molda a recepção de Charles do Salmo 119.86. Por exemplo, o versículo em si não menciona o Pai, ou a obra de Jesus, ou o perdão de nossos pecados, ou o mandamento de Marcos 11.25, ou o objetivo de sair para a luz do dia como um ser humano construtivo. Mas o versículo facilmente suporta esses dons tão excelentes para um homem em sua necessidade.

Observe também como a revelação de Deus sempre anexa promessas aos seus mandamentos e anexa mandamentos às suas promessas. Ele nos dá graça sobre graça; ele nos chama para conhecê-lo e nos tornarmos como ele. Na história de Charles, as verdades que ecoam no contexto sempre unem razões confiáveis a mandamentos confiáveis:

- Perdoar (padrão) como você foi perdoado em Cristo (pessoa, obra e promessa de Deus).
- Refugiar-se (padrão) em sua Rocha e seu Pastor, que é o lugar seguro para o aflito (uma sequência de razões evocativas).
- Ser um imitador (padrão) de Deus como filho amado (por uma abundância de razões) e andar em amor (padrão) como Cristo nos amou e se deu por nós, uma oferta

e um sacrifício a Deus como aroma suave (a oferta queimada propiciatória do Cordeiro, cuja fragrância acalma e agrada a Deus).

Em linguagem técnica, o indicativo (o que é verdadeiro sobre Deus e vindo dele) sempre emoldura e direciona o imperativo (a forma como devemos responder). A fé trabalha por intermédio do amor. A confiança gera a obediência.

Os problemas e as lutas de Charles vêm junto com a revelação de quem Deus é, e Charles se volta do mundo de pecado e morte para o Deus de graça e vida. Charles se volta – e ainda está se voltando. Uma mudança ocorre em Charles – e se repete. Não é única e final. Charles continua a envolver sua situação em curso na luz do poder do Senhor Redentor normativo e por meio dessa luz. Nós ouvimos a fé trabalhando por toda a sua história: "Com frequência, retorno... Imediatamente, ela me diz... eu me agarro... Ele me ajuda a confiar de novo. Quando digo: "Ajuda-me!", *sei* que estou conversando com meu Pai... Eu sei que é para lá que preciso ir... *Deus... é... fiel...* Quando confesso... ele realmente me ajuda". Observe os verbos ativos, seus itálicos e a urgência do relacionamento.

Esse exemplo contém toda a transformação vertical até aqui, mas Charles está no processo de transformação horizontal também. Ele está trabalhando o perdão "atitudinal" (Mt 6.12–15; Mc 11.25) que é a precondição para abordar, de forma construtiva, outra pessoa para trabalhar o perdão "negociado" (Mt 18.15–17; Lc 17.3–4).

Observe várias outras implicações. Em primeiro lugar, Charles está mudando, mas a história ainda não acabou. A renovação de nossas vidas não é nossa chegada a uma perfeição ideal ou ética, um aprimoramento moral próprio ou uma serenidade feliz. Existem pessoas com quem Charles precisa conversar. Muita coisa boa tem acontecido, mas o processo ainda está em curso, e o resultado permanece indeterminado. Charles está a caminho da próxima fase da luta. Nós nos alegramos pelo que testemunhamos até agora. Mas nos sentamos na beirada de nossas cadeiras, esperando veementemente ver se os pacificadores semearão a paz, trazendo à concretização posterior as glórias éticas dos filhos de Deus. O que ocorre a seguir está carregado de incertezas. Como o antigo amigo responderá? Como o círculo maior de amigos responderá? Os líderes da igreja se envolverão de uma forma útil se a situação continuar sem solução? Charles prosseguirá na luz? Ou regredirá para a amargura, a autopiedade e as fantasias sobre carros? Sua vida é um experimento santo. No final, a graça e a bondade de Deus finalmente triunfarão. Mas a resolução dessa situação ainda é incerta.

Em segundo lugar, em conversas subsequentes, Charles mencionou algo que não aparece em sua história inicial. Sente-se sozinho em sua igreja, mas ele não está sozinho. Ele está sendo ajudado, de forma significativa, por vários homens que agora vivem fora da área. Com alguma frequência, Charles está conectado com o pastor anterior e com um amigo de seu grupo da Aliança Bíblica da faculdade. Eles o têm ajudado a se manter centrado nos propósitos de Deus. Ele confia neles. E eles têm-se mostrado dignos de confiança devido ao cuidado, à confidencialidade, à sinceridade e à constância na oração com que estão respondendo a ele em seus conflitos.

Em terceiro lugar, a cura de nossas almas normalmente envolve um tipo de julgamento ético diferente da análise e do julgamento pertencentes a casos éticos despersonalizados e dilemas morais. Para progredir, Charles precisa mais do que chegar a uma *posição* cristã ponderada a respeito do que precisa fazer. A maioria dos discursos éticos é topicalizada – por exemplo, aborto, guerra justa, homossexualidade, definição de casamento, base para divórcio, tomar uma decisão médica. Apenas eventualmente alcançam o nível dos problemas pessoais e do cuidado pastoral cotidiano. Até mesmo uma análise das questões imediatamente pertinentes à situação de Charles não se debruça sobre as complexidades das necessidades pessoais e pastorais. Como um cristão deve reagir à violação de confiança por um irmão? Quando e como é correto uma igreja intervir em um conflito para ajudar a reconciliar, pronunciar-se, defender e disciplinar? Aqueles julgamentos éticos tópicos emolduram a cura das almas, mas não levam consigo o processo. Martinho Lutero capta, de forma irrefutável, como a vida cristã é um processo dinâmico, e não uma conquista estática:

> Portanto, essa vida não é justiça, mas crescimento em justiça; não saúde, mas cura; não ser, mas tornar-se; não descansar, mas exercitar. Ainda não somos o que seremos, mas estamos crescendo em direção a isso. O processo ainda não está completo; está em curso. Esse não é o fim, mas o caminho. Nem tudo brilha em glória, mas tudo está sendo purificado.[3]

A *posição* cristã define certo e errado, estabelece condições e alvos limítrofes, e pode mostrar-se relativamente rigorosa.

3 Martinho Lutero, "Defesa e Explicação de Todos os Artigos, 1521", em *Career of the Reformer II*, v. 32 de *Luther's Works*, American Edition, organização de Jaroslav Pelikan e Helmut T. Lehmann (Filadelfia: Augsburg Fortress, 1958), 24.

Mas o *processo* cristão vai lutando em meio a muitas variáveis, contingências e incertezas.

Em quarto lugar, temos observado detidamente como os vários fatores na vida de Charles se conectam. Isso mostra, em contrapartida, como grande parte dos conselhos típicos deixa de conectar os pontos para as pessoas. Quando pormenores da história da vida real são deixados de lado, nosso conselho para Charles é reduzido a uma exortação doutrinária, moralista, pietista ou terapêutica:

- Entregue seus problemas a Jesus.
- Procure aconselhamento.
- Lembre-se da soberania de Deus.
- Tome remédios.
- Declare que você é filho do Rei.
- Envolva-se em um pequeno grupo.
- Explore como sua família afetou você.
- Participe dos meios da graça.
- Tenha uma experiência no monte.
- Desfrute de um relacionamento de prestação de contas.
- Troque de igreja e faça novos amigos.
- Expulse o demônio da amargura.
- Conte suas bênçãos.
- Arrependa-se da amargura e ame seu inimigo.
- Vá até a pessoa e, se ela não ouvir, leve um ou dois outros com você.
- Pegue esse versículo-chave, Salmo 119.86, e faça a oração de Ezer ("Ajuda-me") todos os dias, declarando sua vitória. Esse versículo abre os celeiros de bênçãos de Deus. (Admito que inventei esse.)

Alguns desses conselhos contribuiriam bastante se funcionassem como parte de um todo mais abrangente e pessoal. Outros não fazem sentido, são inapropriados, mistificadores ou enganadores. E nenhum deles capta a realidade daquela ligação entre problemas externos, lutas internas, amigos sábios e o autorrevelador Pastor de nossas almas que faz interação ativa conosco. Nada disso capta o que realmente significa ajudar Charles. Falta-lhes sentimento pelo processo de viver como cristão, por como é ser um ser humano sob o cuidado de Cristo. A reorientação de um ser humano nunca vem por meio de respostas de conveniência ou soluções instantâneas. Charles ilustra algo melhor, mais rico, mais humano, mais humanitário e mais verdadeiro à Escritura e à vida.

10

A HISTÓRIA DE CHARLOTTE

Nossa última história é biblicamente mais intrincada, situacionalmente mais complexa e mais rica no sentido experimental. Charlotte é uma seminarista com seus vinte e poucos anos, solteira, com habilidades intuitivas para o aconselhamento. Deixe-me armar o pano de fundo fazendo algumas comparações com o estudo de caso prévio.

Você verá que as semelhanças são básicas: ambas as histórias revelam como uma reorientação e uma transformação acontecem. Mas a linha do tempo para a história de Charles foi relativamente curta: uma experiência em um passado imediato, ainda com efeito no presente e pedindo uma ação adicional no futuro imediato. A história de Charlotte virá a um ponto no presente, mas reflete, em retrospecto, uma longa história.

Charles enfrentou fatores de estresse situacionais imediatos e lutou contra respostas pecaminosas imediatas. Mas Charlotte luta contra forças maiores: antigos padrões de como ela vive; o desconforto fundamental da condição humana; contradições que operam nela mesma, em sua experiência na igreja e em relação aos não cristãos.

O processo de mudança em Charles foi linear, uma sucessão de pecados específicos contra ele, respostas pecaminosas específicas, uma promessa e um mandamento específicos de Deus, o encorajamento de amigos sábios, ações de arrependimento e fé, e uma expectativa comportamental bem específica. As mudanças que você verá em Charlotte são mais atmosféricas, e ela tem um fruto rico e complexo. Percebemos uma intimidade particularmente profunda em seu relacionamento com Deus. Ela tem uma mudança comportamental surpreendente. Existem certas transformações que podem ser denominadas fruto interno: uma reorientação sutil na forma como ela compreende a si mesma, sua situação e seu Deus; certo refinamento em como sua consciência funciona; uma riqueza linguística que capta a poesia da experiência, fazendo seu relacionamento com Deus ganhar vida aos nossos olhos.

NÃO MAIS INSEGURA

Aqui estão as palavras de Charlotte:

> Tenho voltado muito a Isaías 51.12–13b e 15–16.
>
> Eu, eu sou aquele que vos consola;
> quem, pois, és tu, para que temas o homem, que é mortal,
> ou o filho do homem, que não passa de erva?
> Quem és tu que te esqueces do SENHOR, que te criou,
> que estendeu os céus e fundou a terra,
> e a quem temes continuamente...?
> Pois eu sou o SENHOR, teu Deus,
> que agito o mar, de modo que bramem as suas ondas –
> o SENHOR dos Exércitos é o meu nome.
> Ponho as minhas palavras na tua boca
> e te protejo com a sombra da minha mão,

para que eu estenda novos céus,
fundando nova terra
e dizendo a Sião: "Tu és o meu povo".

Isso me faz lembrar que este mundo não é "confortável" e me assegura que Cristo é o único e verdadeiro consolo (apesar daquelas coisas com as quais tento me preencher para ter consolo). Essa passagem me incentiva a confiar e a não ter medo do que aqueles que estão ao meu redor pensam a meu respeito – liberdade para viver de maneira transparente. A consciência de que estou sempre me esquecendo de Deus me faz corar de vergonha. Sou uma amnésica à sua soberania e à sua graça no mundo e em minha vida.

Esses versículos justapõem muito e unem a grandeza do Deus Criador com a intimidade de Cristo. Ele é incompreensivelmente vasto e poderoso. Ele estendeu os céus e estabeleceu os fundamentos da terra; ele agita o mar; ele é Senhor dos Exércitos; e novamente – no caso de eu ter me esquecido na primeira vez – ele estabelece os céus e funda a terra. E, ao mesmo tempo, ele é maravilhosamente íntimo. "Eu, eu sou aquele que vos consola". Não consigo menosprezar aquele "eu" duplo. Ele me fez; ele coloca suas próprias palavras em minha boca; sua mão me cobre; ele diz: "Você é meu povo".

De alguma maneira, a vida faz MAIS sentido em meio a essa tensão e a esse aparente paradoxo da identidade de Deus. Sinto isso no nível mais profundo do meu relacionamento com Deus. Também sou consolada quando vejo como isso tem paralelo com outras tensões, confusões e contradições tanto ao meu redor como dentro de mim.

> Deus não é metódico, todo preto e branco com linhas retas, adaptando-se em uma caixa – nem eu –, e saber disso é uma confirmação e um consolo!
>
> Sempre me senti intimidada pelas pessoas e por suas possíveis opiniões a meu respeito – intimidada por todos, exceto por minha mãe. Mas, na semana passada, em uma aula de missões, tive de me segurar, pois eu estava dominando a conversa durante a maior parte do tempo da discussão de três horas. Depois de ser cercada pelo temor por todos esses anos de insegurança constrangedora, tudo está vindo à tona!

PENSANDO NA HISTÓRIA DE CHARLOTTE

Minha discussão acerca da história de Charlotte será breve, pois muitos dos pontos assinalados em relação a Charles também são aplicáveis aqui. Mas, para começar, simplesmente saboreie esta história como uma história. Leia-a novamente e deixe a ficha cair. Existem mais coisas nela do que minha análise pode destacar ou captar.

Observe a variedade de problemas situacionais que estão postos sobre a mesa. Em primeiro plano: a desaprovação em potencial dos outros em todas as situações sociais. No contexto mais amplo: o fato de que este é um mundo essencialmente desconfortável; algum senso não específico de "tensões, confusões e contradições... ao meu redor". Em uma conversa subsequente, descobri que Charlotte está aludindo a entender melhor a mesquinhez presunçosa em um conflito eclesiástico e ao dogmatismo teológico praticado por pessoas rígidas que parecem não entender realmente a Deus, a si mesmas, os outros ou a vida. Ela também está se referindo ao senso de contradição quando exemplos de hipocrisia e desumanidade no povo cristão são justapostos a exemplos de honestidade, cuidado e humanidade entre os não cristãos.

Observe a sutileza das lutas internas e pessoais de Charlotte. Em primeiro plano: o temor em relação aos homens que Charlotte nutre, a timidez, a ansiedade social e a retração. No histórico: desencorajamento e confusão em face do que está ao redor dela e de seus conflitos internos. Ela se sente fora de compasso com algumas das verdades confortáveis de sua subcultura evangélica. Também faz alusão aos falsos confortos aos quais ela se volta como substitutos fáceis de Cristo: automedicação por meio de alimentos, exercícios, amigos e novelas.

Observe a revelação de nosso Redentor – esse Deus mais magnificente, mais consolador de Isaías 51. Ele diz a Charlotte para não temer (o único mandamento), o qual ela amplia intuitivamente para incluir significados positivos: entrar, envolver-se, cuidar, falar. Isaías 51 dá a ela um conjunto de boas razões: as reprovações de 51.12, que lhe fazem corar; as muitas maravilhas e intimidades que a consolam "no nível mais profundo". Charlotte é uma demonstração viva de como a fé e as obras cooperam na resposta para a autorrevelação vívida de Deus.

Como na passagem que impactou tanto Charles, a Escritura que Charlotte menciona – levada adiante em um contexto redentor-histórico muito diferente e personalizado – parece singularmente adequada. É "próxima o suficiente" para relevância. Ela lê e se apropria dessa passagem, povoando-a com sua própria experiência e enriquecendo-a com ecos e alusões à pessoa e à obra de Cristo.

Finalmente, observe a dinâmica de mudança. Deus, a situação, as lutas de Charlotte e sua fé se unem em um contexto que sempre envolvera produzir ansiedade e intimidação para ela. Uma realidade nova e viva, então, surge. Um envolvimento transformador ocorre entre o forte Salvador e a filha carente: corando de vergonha ao reconhecer sua amnésia, a experiência de consolo profundo. As consequências comportamentais são marcantes: uma nova liberdade para viver e falar com transparência, uma consciência recém-sensibilizada para os perigos de falar demais. Sua voz, recentemente encontrada, tem importância especial. A ação registra que a mudança é real.

A história de Charlotte também ilustra várias outras características da cura de almas. Em primeiro lugar, a mudança é um processo vitalício no qual testemunhamos continuidades temáticas. No incidente da sala de aula, Deus estava reescrevendo padrões que retrocedem à infância. Em geral, o pecado não brota repentinamente; a retidão não cai do céu como um fogo qualquer. Quando você passa a conhecer alguém, começa a ver padrões e temas na reciprocidade de fatores existenciais e situacionais, assim como os estudantes da Escritura aprendem a ver padrões e temas na Bíblia. Isso ajuda a conhecer que o Vinhateiro está podando propositadamente. Isso ajuda grandemente todos nós a conhecermos que Deus, em geral, trabalha em *algo* específico, e não em tudo ao mesmo tempo.

Em segundo lugar, aprendi algo mais sobre Charlotte quando segui aquela linha descartável a respeito de sua mãe. O pai dela havia abandonado a família quando Charlotte era bem jovem, mas sua mãe foi uma fortaleza de refúgio durante toda a sua vida. Elas tinham um relacionamento amoroso e honesto.

> Podemos conversar sobre qualquer coisa. Eu *sei* que a minha mãe está do meu lado. E sei também que ela me incen-

> tivará e que, quando me desafia, é algo que preciso ouvir e que vem do amor que ela sente por mim. Boa parte do que tenho aprendido nessa fase de crescimento se adapta à forma como ela própria vive e às coisas que ela tem dito a mim e como tem orado por mim. Mas eu tenho de aprender isso e me apropriar disso como adulta.

A mãe de Charlotte não é a catalisadora imediata da forma como a filha está crescendo. Mas a influência contextual da mãe é significativa e não quantificável.

Em terceiro lugar, como Charlotte e eu vemos sua "coragem de falar" como fruto do Espírito? Esse item não pertence a qualquer lista de fruto (embora eu pense que esteja implicitamente entre "estas coisas" de Gálatas 5.23). Sabemos que é um bom fruto porque entendemos os problemas situacionais e as lutas pessoais à luz de revelação. O temor em relação aos homens treinou Charlotte a sempre se manter em segundo plano, a decidir pela segurança. Em grupos sociais, ela era, literalmente, alguém que não participava, incapaz de trazer seus pensamentos a ponto de se associar audivelmente. Ela se preocupava consigo, e não era uma pessoa amável. Ela era temerosa, não livre. Como fruto de arrependimento e fé, o Espírito a libertou para participar. Ele solta a língua dela, porque é assim a aparência do amor e da obediência agora na vida de Charlotte.

Em quarto lugar, a sensibilidade irônica e divertida da necessidade de se calar capta outras características da vida cristã. É uma evidência de que sua consciência está viva, de que é sensível e maleável. Essas explosões de sabedoria intuitiva são imprevisíveis e empolgantes – e representam um aspecto de transformação ética para a sabedoria.

Em quinto lugar, a necessidade de se calar também ilustra como a cura de qualquer alma vivente pede correção de curso contínua. Ela encontra sua voz e, imediatamente, entende que existem pecados da língua e que há momentos em que o amor acalma e ouve. É uma nova lição.

Em sexto lugar, nessa combinação irônica de aprender a falar e de ver a necessidade de se acalmar, Charlotte está saboreando a lógica da curiosa exortação de Lutero: "Peque ousadamente!". Saia e viva, porém sempre esteja aberto à correção. Não deixe que os escrúpulos paralisem a ação. As misericórdias de Deus são fidedignamente "novas a cada manhã" (Lm 3.22–23). Do mesmo modo como uma boa mãe ou um bom pai, a compaixão do Senhor e as competências parentais ativas continuam pelos altos e baixos. A vida cristã costuma dar guinadas para frente em vez de marchar uniformemente em linha reta. A graça paciente de Cristo significa que uma pessoa pode viver sem perfeccionismo paralisante ou autoexame obsessivo. Podemos esperar frequentes lições de vida de um modo otimista e humilde. Charlotte sempre se conteve nos cenários sociais. Agora, que ela está começando a falar, provavelmente dirá coisas das quais vai se arrepender, ou pode se ver falando demais. É mais seguro permanecer no segundo plano e acenar agradavelmente (cf. Pv 17.28 sobre o tolo que se mantém calado!). É arriscado se misturar. Ela cometerá erros, mesmo pecando verbalmente (Tg 3.2). Outras pessoas não concordarão sempre com ela se Charlotte também não parecer concordar sempre com elas. Ela precisará aprender a enfrentar e solucionar os conflitos em vez de sempre evitá-los. E precisará pedir perdão com mais frequência. Ela pode pecar "mais", porém, na verdade, pecará menos e crescerá como filha do Rei. Ela sempre necessitará de correção de rumo.

"Deus se encontra com você onde você está." Essa frase é lugar-comum. Mas, quando você para e pondera em *como* isso acontece e *por que* acontece, não é nada menos que luz atravessando as trevas. Uma alma doente pelo pecado e ferida pela vida revive e começa a viver. Deus disse: "Das trevas, resplandecerá a luz" na criação do universo (2Co 4.6). Na recriação, esse mesmo Deus brilha em nossos corações, despertando-nos para observar a glória dele na face de Jesus Cristo. A vida cristã é organicamente viva. Nós nos voltamos, confiamos, obedecemos, crescemos – interagindo com o que está acontecendo ao nosso redor, enquanto o Deus da verdade entra em cena. Ele nos ajuntou para si mesmo em um experimento santo vitalício na redenção. Charles e Charlotte nos ensinam algo acerca dessa dinâmica.

11

A JORNADA

Como o aprendizado para se viver é a habilidade mais complexa que se possa imaginar, a luta não cessará até que você e eu tenhamos enfrentado nosso último inimigo e vejamos a face de Deus. Enquanto isso, vivemos como viajantes. Vamos caminhando. Quando virmos a Deus, a fé se tornará visível e o amor não mais será difícil. Todos os relacionamentos serão descomplicados. Não necessitaremos mais aprender persistência, paciência, tolerância, perseverança, perdão, arrependimento, pacificação e todas as outras coisas que são tão importantes em nossa jornada para o lar.

Nesses capítulos, consideramos o significado da santificação, que é o propósito ativo de Cristo em nossa jornada. Provavelmente você observou que retornamos continuamente à consideração de nossos relacionamentos, inicialmente com Deus e depois com as pessoas. Parece adequado concluir retornando à fé e ao amor.

FÉ

Os versos do hino "Graça Maravilhosa", de John Newton, captam, de forma hábil, as dificuldades de nossa jornada, a atratividade de nosso destino e as características daquele que está nos liderando rumo ao seu próprio lar:

Através de muitos perigos, laços e tentações
  Eu já cheguei aqui;
Mas sua graça me trouxe salvo até aqui
  E a graça me levará ao lar.

Como Newton chegou a entender isso? Sua obra destila conforto e encorajamento que o Salmo 23 incute em nossos corações:

O SENHOR é meu pastor; nada me faltará.
  Ele me faz repousar em pastos verdejantes.
Leva-me para junto das águas de descanso;
  refrigera-me a alma.
Guia-me pelas veredas da justiça por amor do seu nome.

Ainda que eu ande pelo vale da sombra da morte,
  não temerei mal nenhum,
  porque tu estás comigo;
  o teu bordão e o teu cajado me consolam.

Preparas-me uma mesa na presença dos meus adversários,
  unges-me a cabeça com óleo;
  o meu cálice transborda.
Bondade e misericórdia certamente me seguirão
  todos os dias da minha vida;
  e habitarei na Casa do SENHOR para todo o sempre.

John Newton sabia que isso era verdade e expressou em suas próprias palavras.

Se a sua vida é, realmente, uma jornada, então o Salmo 23 mapeia a rota e lembra a companhia que você tem. Nosso companheiro é atento, amável, generoso e forte. Ele anda conosco de boa vontade. Ele está tomando cuidado de nós. Nós enfrentamos dificuldades de muitos tipos. Mas ele nunca nos deixará nem nos abandonará. Sabemos, de outras passagens da Escritura, que esse Pastor até mesmo entregou sua vida pelo amado rebanho. E sabemos que somos suas ovelhas porque reconhecemos sua voz falando conosco. Sabemos que ele está nos levando ao seu lar.

Esse é um tipo de jornada. Mas a vida pode seguir por outros caminhos. O Salmo 1 dá o tom para todo o livro dos Salmos ao convidar cada um de nós a perguntar: "Como será a minha vida? O que acontecerá a mim?". Nem todas as respostas são felizes. Alguns modos de vida vêm a ser nada mais do que palha e podem ser soprados à inexistência por uma lufada de vento. Macbeth teve um pressentimento:

> ... cheio de som e fúria,
> Significando nada.[1]

É isso o que resta da vida quando tiramos a presença do Senhor. Sem um bom Pastor, escrevemos nossas vidas de modo oposto ao Salmo 23, um "antissalmo" de esperanças tolas. A vida ainda é uma jornada, e nós ainda temos um destino; as dificuldades e ameaças ao longo do caminho são idênticas. Mas todas as outras coisas são diferentes. "Antissalmos" constroem uma jornada de vida na premissa de que o Senhor não está presente nem ativo. Aqui estão as premissas que norteiam uma versão popular contemporânea do "antissalmo":

---

1 William Shakespeare, *The Tragedy of Macbeth*, ato 5, cena 5.

- Posso cuidar de mim mesmo.
- Basicamente, sou uma boa pessoa.
- Posso ir ao encalço de meus objetivos e alcançá-los.
- Confio em mim mesmo e em minhas habilidades.
- Digo o que penso e faço o que quero.

Mas no final, como em todos os "antissalmos", essa fé trai os seus fiéis. Quando o Senhor não é seu Pastor, o resultado e o destino são previsíveis:

- Estou sozinho. Ninguém cuida de mim nem me protege.
- Estou vazio, necessitado, inquieto e inseguro.
- Quando ando pelo vale da sombra da morte, não tenho um protetor.
- Temo as coisas ruins que podem acontecer a mim.
- Outras pessoas falham com você ou o ferem.
- No final, você perde todas as coisas boas que já teve.
- A morte é meu pastor.[2]

O "antissalmo" chega a um beco sem saída no vale da sombra da morte.

Assim, qual fé será escolhida? Todo mundo passa por dificuldades na jornada. Todos nós vivemos sob a sombra da morte. Todos nós enfrentamos muitos males. Viva qualquer dos "antissalmos" e, no fim, tudo será perda. Mas viva o Salmo 23 e descobrirá que você despertará um dia e dirá com alegria: "Estou no lar!".

---

2 Tomei emprestada essa última linha do Salmo 49.14, parafraseando-a para se adequar à experiência de primeira pessoa do antissalmo.

AMOR

É fácil ver a santificação como um projeto moral de progresso próprio. É fácil pensar que o objetivo de Deus é apenas tornar-me um indivíduo melhor do que sou agora. Espero que este pequeno livro o tenha desiludido dessa ideia. Sim, é claro que somos nossos piores inimigos – tendentes a um coquetel turbulento de ansiedades, reclamações, enganos, egocentrismo, compulsão, irritabilidade, confusão, indiferença, imoralidade, justiça própria, baixa autoestima, julgamento, amor ao dinheiro, preguiça, compulsão pelo sucesso "e coisas semelhantes a estas" (para citar Gl 5.21). Mas o resultado que o Senhor deseja não é simplesmente um eu melhorado que tenha encontrado paz e saiba agir por conta própria.

O alvo da santificação não é um indivíduo melhor, mais feliz, mais confiante – não exatamente. Veja como a Escritura expressa isso:

"O Pai de misericórdias e Deus de toda consolação... É ele que nos conforta em toda a nossa tribulação, para podermos consolar os que estiverem em qualquer angústia" (2Co 1.4). Quando você encontra esperança e encorajamento em seus problemas, o consolo não chega apenas com o fato de você se sentir melhor. Agora você tem riquezas para trazer a outros em quaisquer lutas que eles estejam vivenciando. O bem-estar deles e o seu deram-se as mãos. O bem-estar dos outros importa cada vez mais para você à medida que se torna um membro participante do corpo de Cristo, irmãos e irmãs em nossa família do Pai. A santificação o está tornando uma pessoa conectada, ligada e unida a Jesus Cristo e a todas as outras pessoas cujo centro de gravidade está se deslocando para fora de si mesmas.

"E é capaz de condoer-se dos ignorantes e dos que erram, pois também ele mesmo está rodeado de fraquezas. E, por essa razão, deve oferecer sacrifícios pelos pecados, tanto do povo como de si mesmo" (Hb 5.2–3). Sabendo quão gentilmente Deus lida com você em sua confusão, miopia e deambulação, você lida gentilmente com os outros em seus pecados e fraquezas. É maravilhoso ter a experiência de que Deus é gracioso, compassivo, tardio em irar-se, abundante em amor constante e em fidelidade, perdoando suas iniquidades, transgressões e pecados. E, ao aprender que ele é assim com você em sua ignorância e imprevisibilidade, você desenvolve o mesmo coração pelos outros em seus defeitos. Você não é simplesmente uma "pessoa mais feliz". Este mundo é muito cheio de infortúnios e de pessoas desoladas. Você traz as dores e a confusão dos outros para o seu coração. Você está se tornando uma pessoa mais sensível à condição humana e desejosa de ajudar.

"Antes, sede uns para com os outros benignos, compassivos, perdoando-vos uns aos outros, como também Deus, em Cristo, vos perdoou. Sede, pois, imitadores de Deus, como filhos amados; e andai em amor, como também Cristo nos amou e entregou a si mesmo por nós, como oferta e sacrifício a Deus, em aroma suave" (Ef 4.32–5.2). Pessoas perdoadas não descansam em paz simplesmente porque os seus pecados inquietos, sua culpa corrosiva e sua vergonha amarga agora estão cobertos. Agora você tem bondade e misericórdia para levar aos outros. Saber que você é um filho amado não o deixa complacente e satisfeito consigo mesmo. Você é amado para que possa amar, dar a sua vida pelos outros. Você não se torna um "indivíduo confiante em si". Sua vida pode ser estressante. Você serve ao Rei e Salvador que morreu com 33 anos – e seu serviço nem sempre

é conveniente. Esse serviço tira você de sua zona de conforto. Elimina todas as ilusões de que podemos controlar as pessoas e os eventos. Você está se tornando uma pessoa cuja confiança descansa fora de si mesma, em Deus, uma pessoa cujo propósito de vida é o propósito de Cristo de amor redentor.

Você está entregando o que está sendo dado a você. Confiança, agradecimento e adoração ao Deus que dá. Cuidado, sabedoria e misericórdia para as pessoas necessitadas. Muitos salmos iniciam com uma observação pessoal, implorando a Deus pelos próprios pecados e tristezas. E terminam com o clamor pelas outras pessoas. Misericórdia recebida se torna misericórdia a ser dada. As palavras "imagem de Cristo" podem sair de nossos lábios sem que entendamos como Jesus é o homem para Deus e para os outros. Ele se identifica com as necessidades, os pecados, pesares e fraquezas dos outros. O propósito de sua vida é trazer redenção aos lugares sombrios e difíceis nos quais a redenção se faz necessária. Ao sermos encontrados por ele, sabemos como os outros precisam ser encontrados.

B. B. Warfield expressa isso muito bem:

> Cristo foi levado ao mundo por seu amor pelos outros, para se esquecer de si mesmo nas necessidades dos outros, para se sacrificar de uma vez por todas no altar da compaixão. O sacrifício próprio trouxe Cristo ao mundo. E o sacrifício próprio nos levará, seus seguidores, não a nos afastar dos homens, mas para o meio deles.
>
> Onde quer que os homens sofram, lá estaremos para consolar. Onde quer que os homens lutem, lá estaremos para ajudar. Onde quer que os homens fracassem, lá estaremos

> para animar. Onde quer que os homens tenham sucesso, lá estaremos para nos alegrar. O sacrifício próprio significa não indiferença aos nossos tempos e aos nossos companheiros; significa dedicação a eles. Significa esquecimento de si mesmo nos outros. Significa entrar nas esperanças e nos temores, nos desejos e desesperos de todo homem: significa versatilidade de espírito, atividade multiforme, multiplicidade de compaixões. Significa riqueza de desenvolvimento.
>
> Não significa que tenhamos que viver uma vida, mas mil vidas – unindo-nos a mil almas pelos filamentos de uma compaixão tão amável que suas vidas se tornem nossas. Significa que todas as experiências dos homens devem bater em nossas almas e devem bater e esmurrar nossos corações teimosos até que estejam adequados ao seu lar celestial. Afinal, é assim o caminho para o progresso mais nobre possível – e somente assim podemos nos tornar verdadeiramente homens.[3]

Que uma compaixão amável bata e esmurre nossos corações teimosos até que estejam adequados ao nosso lar celestial. Fé e amor são fruto da graça santificadora do Espírito. Você não é mais um indivíduo isolado, separado dos outros, uma ilha autônoma. Você está se tornando uma pessoa, unida à vida com seus irmãos e irmãs.

Talvez a evidência mais dramática do progresso na santificação seja o fato de que você não pensa mais tanto em si

3 Benjamin B. Warfield, "Imitating the Incarnation" (sermão), em *The Person and Work of Christ*, org. Samuel Craig (Philadelphia: Presbyterian and Reformed, 1950), 574–575.

mesmo. Você está começando a melhorar quando não se preocupa mais com "Como estou indo?". Você começa a se encontrar quando se perde e se preocupa menos com quem você é. Um pecador perdoado, um sofredor protegido, um santo em procedimento – seu bem-estar é indissociável de nosso bem-estar juntos.

Nós somos um em Cristo. Nós estamos indo para o lar. Nós veremos a sua face. E tudo ficará bem.

LEIA TAMBÉM

BRECHA em nossa SANTIDADE
KEVIN DEYOUNG
BRECHA em nossa SANTIDADE
KEVIN DEYOUNG

FIEL
MINISTÉRIO

O Ministério Fiel visa apoiar a igreja de Deus, fornecendo conteúdo fiel às Escrituras através de conferências, cursos teológicos, literatura, ministério Adote um Pastor e conteúdo online gratuito.

Disponibilizamos em nosso site centenas de recursos, como vídeos de pregações e conferências, artigos, e-books, audiolivros, blog e muito mais. Lá também é possível assinar nosso informativo e se tornar parte da comunidade Fiel, recebendo acesso a esses e outros materiais, além de promoções exclusivas.

Visite nosso site

www.ministeriofiel.com.br

Esta obra foi composta em AJenson Pro Regular 12, e impressa
na Promove Artes Gráficas sobre o papel Pólen Soft 70g/m²,
para Editora Fiel, em Janeiro de 2021